ique

大好きなアイテムだけを揃えたワードローブ。オールシーズン全22着、衣替えもしません。

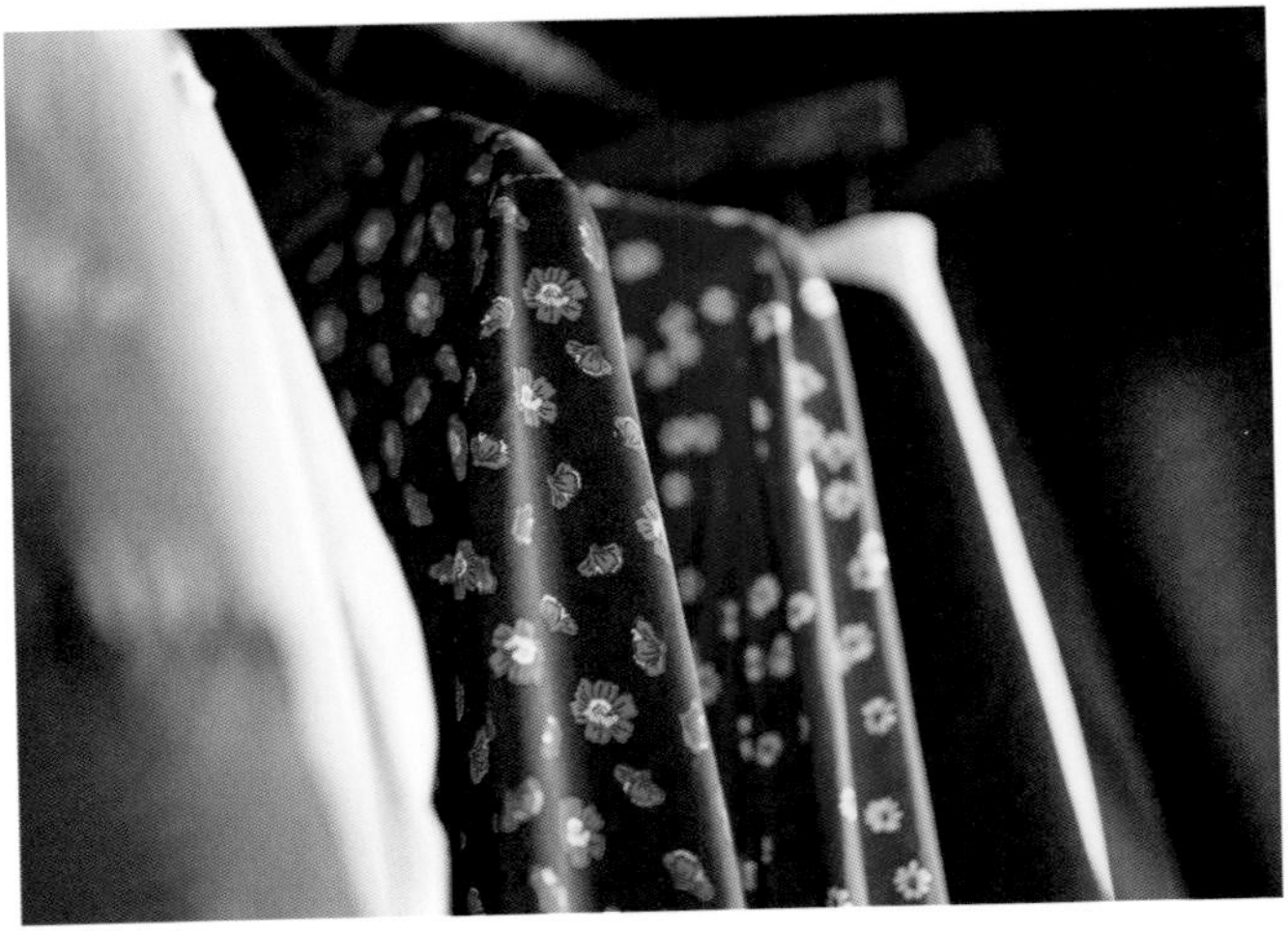

シンプルなワードローブを引き立てる、フラワープリントのワンピース。

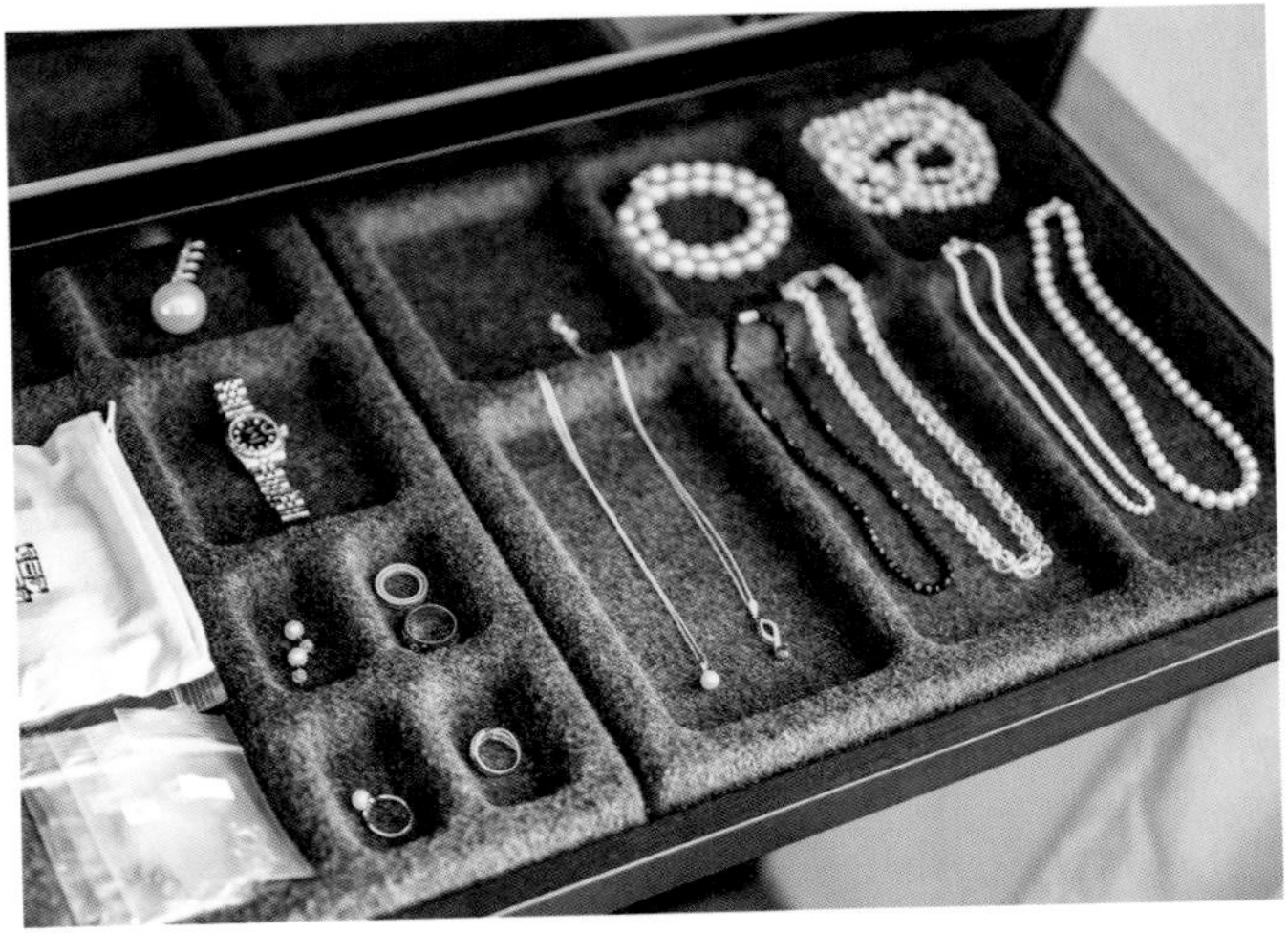

アクセサリーは、譲り受けたものをリメイクしたり、夫と息子からのプレゼントがほとんどです。

「自分だけのセレクトショップ」をイメージして作った収納棚。
使わないときも「素敵」と思いながら眺めています。

人に居場所があるように、ものにも定位置を作っています。愛情をかけてたくさん使いたいから、サッと取り出せる収納に。

マルシェでの買い物やピクニックなど、さまざまなシーンで活躍してくれるかごバッグ。

私の人生に欠かせない旅。旅支度には定番アイテムにアクセント小物があれば、おしゃれの幅も広がります。

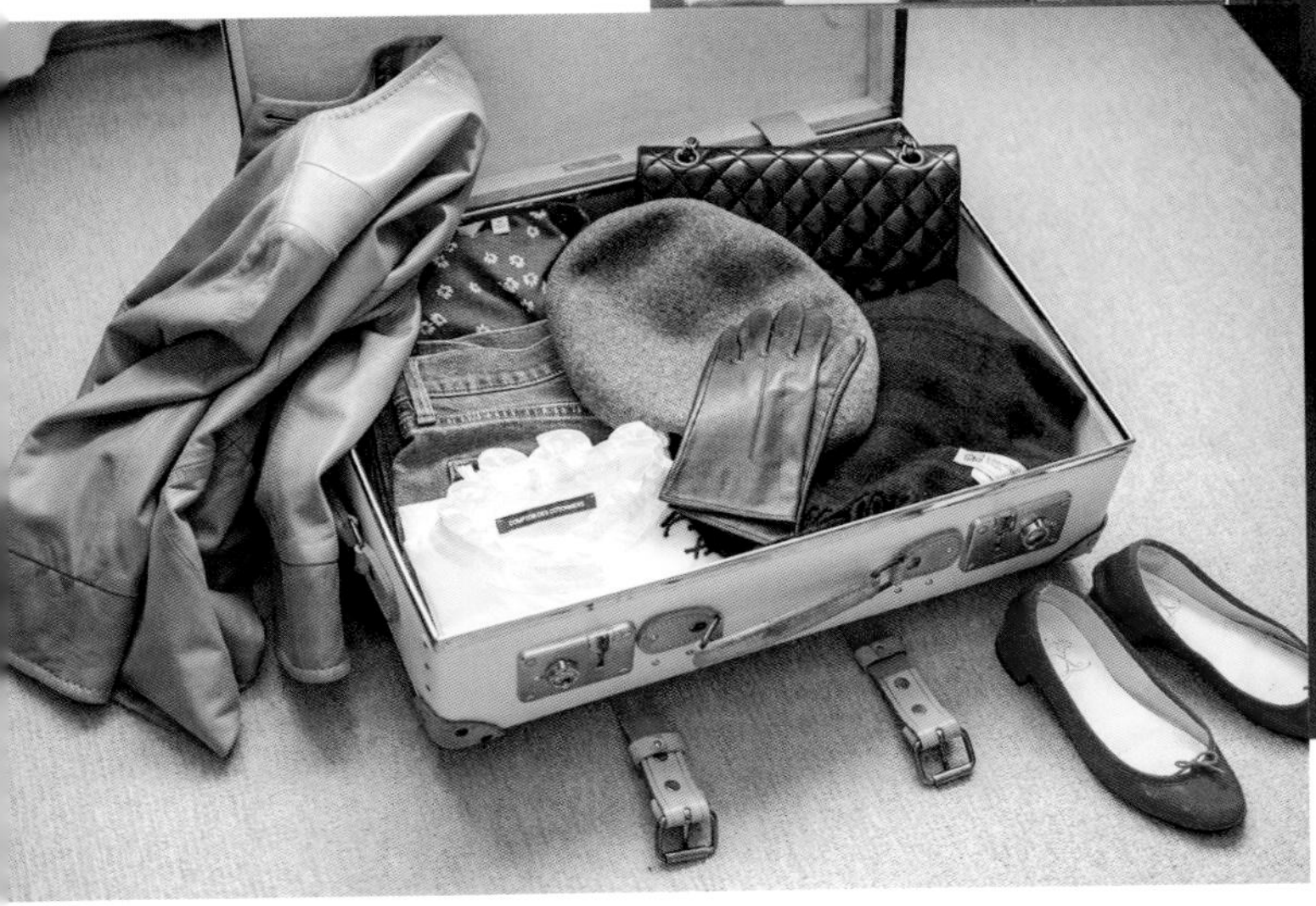

フランスで学んだ「生活の美学」。花は五感を楽しませてくれるだけでなく、エネルギーを与えてくれます。

水やりのときに触れたり、声をかけてあげたりすると、グリーンも元気に。それは、ものも同じ。

暮らしを楽しむフランス人の工夫は、食事の
シーンにも。素敵なテーブルセッティングで
楽しいランチのはじまりです。

靴磨きは学生時代から続けている趣味のようなもの。磨いていると不思議と心が落ち着きます。

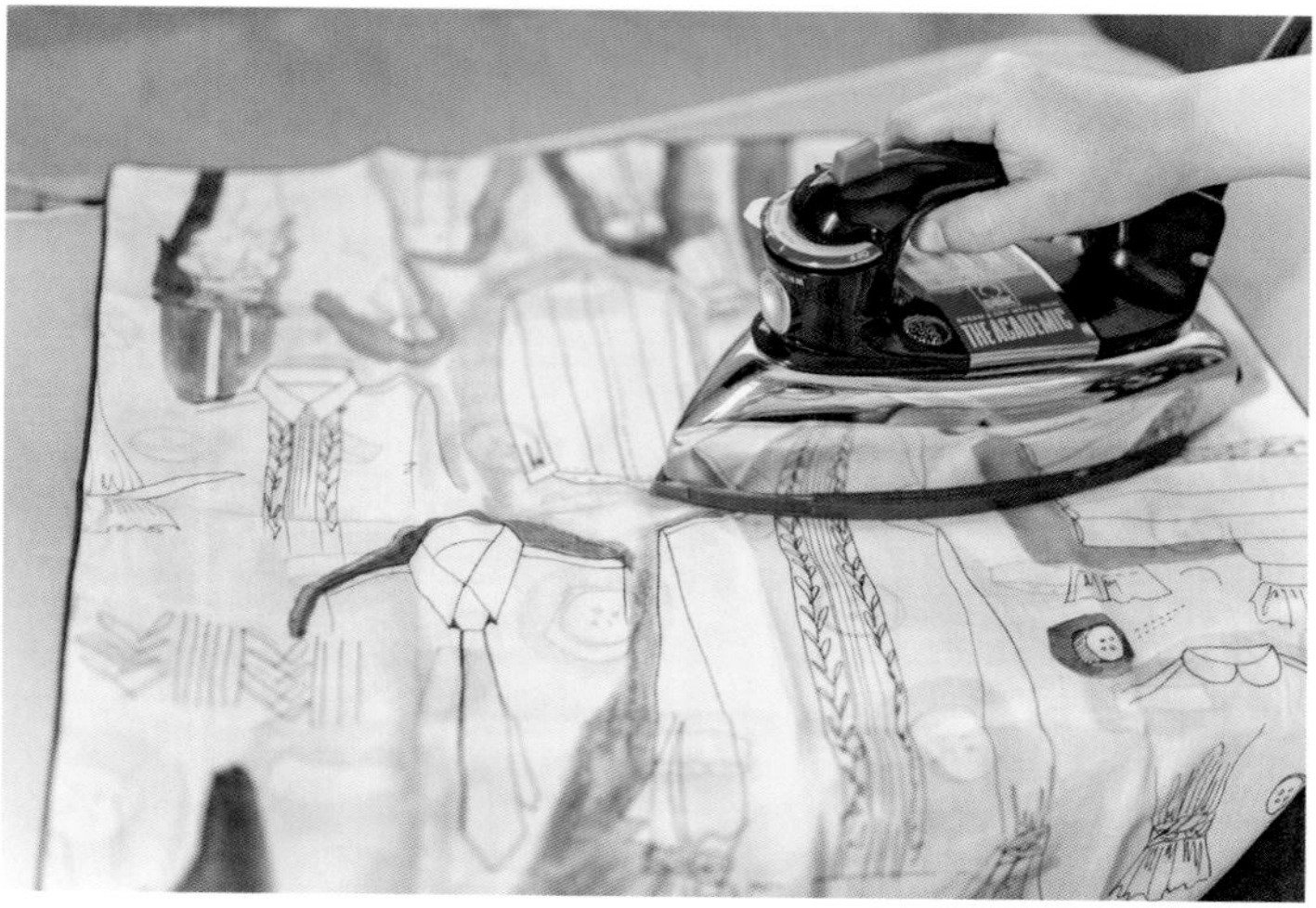

シワがきれいになっていくアイロンがけも、心が整う作業のひとつ。

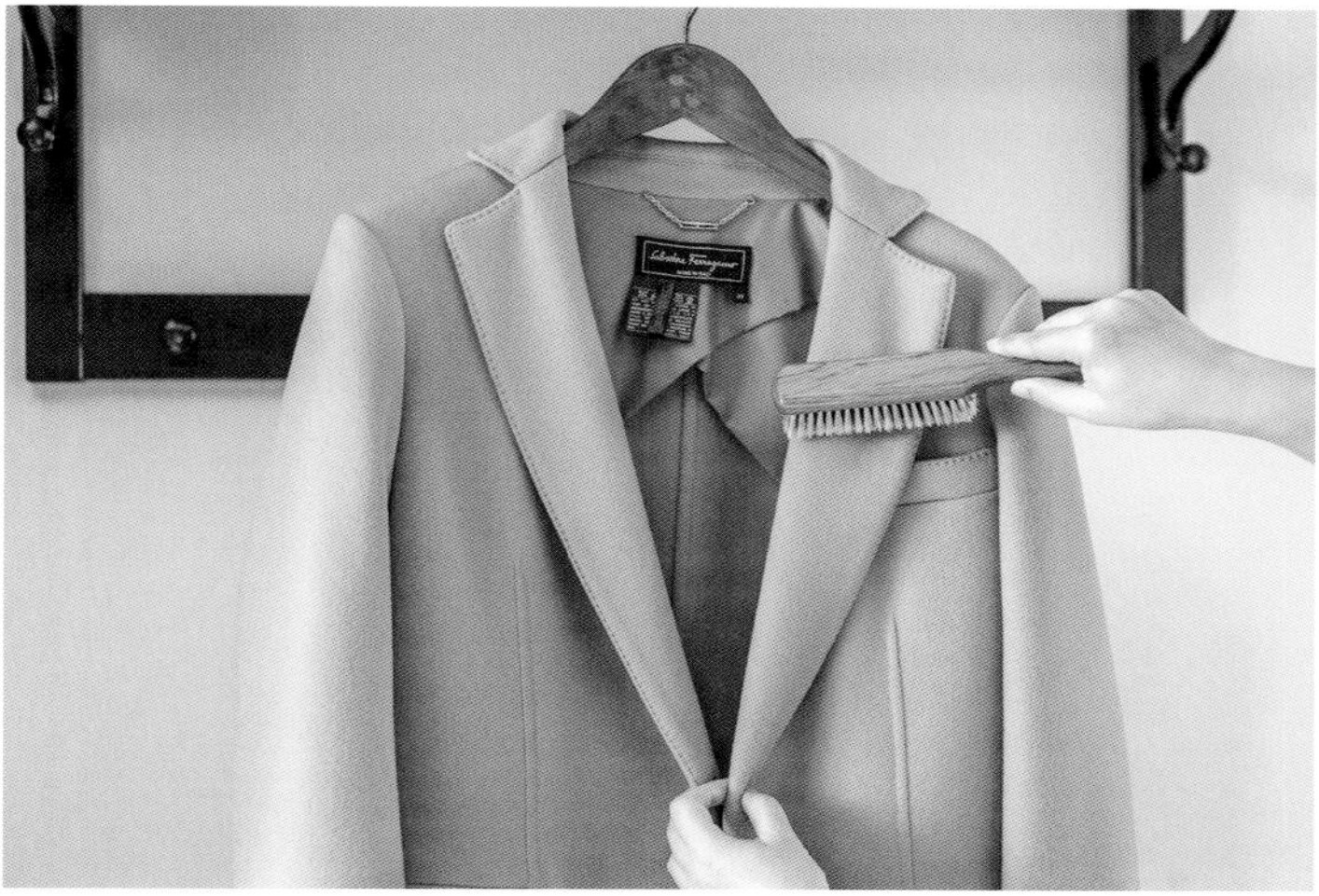

コート類は帰宅後にさっとブラシをかけて。お手入れはこれだけ。

ものには気が宿っているので、声をかけてあげると喜ぶと思っています。
使った後には「今日もありがとう」と棚に戻します。

30代で作りはじめた「欲しいものリスト」の最後に
お迎えしたエルメスのバーキン35。

シンプルな装いを
格上げしてくれる
シャネルのマトラッセ 25cm。

Katieの
名品リスト

自分が本当に良いと思うもの、
使いこなせるものを厳選した、
「私にとっての名品」たち。
その一部をご紹介します。
みなさんにとっての名品は何ですか？

目につくとつい買ってしまう
大好きなかごバッグたち。

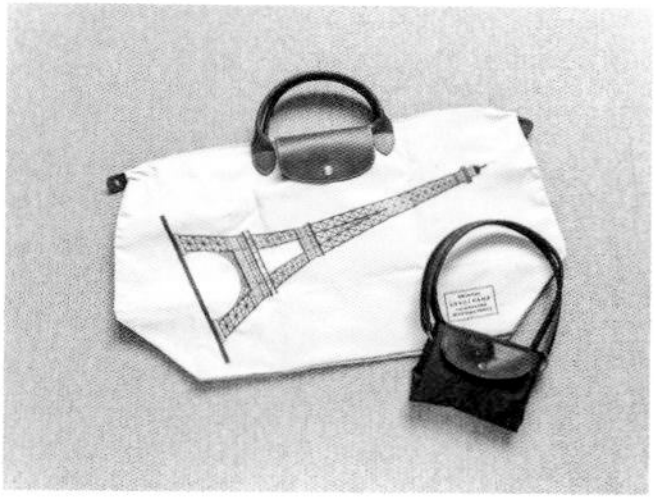

旅行には欠かせないコンパクトな
ロンシャンのル プリアージュ。

部屋の隅に置いても絵になる
グローブ・トロッターのサファリシリーズ。

手前から、コントワー・デ・コトニエの白シャツ、バーバリーのトレンチコート、カオスのテーラードジャケット。

左／オールシーズン履けて雨や雪にも強いパラブーツのミカエル。右／お直しをしながら10年近く履いているレペットのバレエシューズ。

上／母からもらったイヤリングをリメイクしたパールのアクセサリー。中／帽子や手袋などの小物は、定番アイテムのアクセントに欠かせません。下／カラフルなスカーフが１枚あれば、シンプルな装いも華やかに。

私のこだわりをすべて詰め込んだオリジナルのフレアスカート。

フランス滞在時には、お花を買ってアパルトマンに飾ったり、ピクニックをして過ごしたり。自分らしくいられれば、それが一番幸せ。フランス人の「Comme tu Veux (好きなように)」の気楽さが心地良いのです。

ニースで過ごしたバカンス。海辺ではひたすらぼーっとして、何もしないのがフランス流。マルシェには、新鮮な食材やお惣菜が並び、店主とコミュニケーションしながら必要な分だけを購入します。

年齢を重ねるのが楽しみになる

フランス流のもの選び

Katie

―はじめに―

本書を手にとっていただきありがとうございます。

私は2021年からYouTubeの「Katie／フランス流シンプルシックな暮らし」でVLOGを発信しているKatieと申します。

本業は20年近く、日本とフランスを中心にコンサルティングの仕事をしています。

VLOGを始めたきっかけはパンデミックのステイホーム。

旅行が好きな私は国内や海外、家族との旅行をきれいな映像で残せたらいいなと思っていたところ〝シネマティック〟という言葉に出合いました。

パンデミックの間は、海外はもちろん、国内旅行にも行けなかった時期がありましたが、自分にとって好きなことやこだわりをとことん追究したい性格なので、また旅行に行ける日を楽しみに、家で過ごす時間は動画作りにエネルギーを注ぐことができました。

私がはじめて海外に興味を持ったのは小学生のとき。

その頃、大好きだったテレビ番組は、子ども向けのアニメより海外の旅番組でした。画面の向こう側にはまだ見たこともない世界が広がっていて、子どもながらに、さまざまな国の文化や価値観の違いに魅了されていきました。


留学の経験はありませんが、実際に海外に出てみたいと思いはじめたのは、学生時代に出会った外国人たちの影響です。

いつも陽気で（私の周りがそうだっただけかもしれませんが……）、無駄なものは持たず、身軽に過ごしている印象に、

「日本人と何が違うのだろう？」

「実際に海外に行ってその違いを知りたい！」

そんな単純な好奇心がきっかけでした。

そのときはまだ行きたい国を特定していたわけではなく、単に海外に出てみたいという思いだけ。

就職活動で将来の進路を聞かれたときには、「海外に行きたいので就職活動はしません」

と言ったほど。当時からあまり後先を考えていなかったのです（笑）。

まだ20代だったので、ワーキングホリデーや留学など、海外に行く選択肢がたくさんあった、というのもあります。

しかし、卒業してすぐ「ヨーロッパで人材を探している企業があるけれど行ってみないか」と声がかかったのです。

迷わず「行きます！」と返事をして、翌月には彼の地へ飛び立っていました。

やりたいこと、好きなことには迷いなく、すぐに行動する性格は昔から変わっていません。

渡欧をきっかけに、フランスで仕事をする機会が増えました。

そして今では、ＹｏｕＴｕｂｅのチャンネル名にもなっている「フランス流」は、私のアイデンティティになっています。

フランスには、必要ないものは手にしない、一度手にしたものは簡単には捨てないという文化があります。また日常にも「アール・ド・ヴィーヴル（生活の美学）」という言葉があり、その精神がＤＮＡに組み込まれています。

20代で渡欧した私は、このフランス人の精神に大きな影響を受けました。

自分で選んだ大好きなものだけに囲まれて、自分らしくいることができれば、それが一番の幸せです。

その幸せのお裾分けができればと、自分の経験を元にフランス流のもの選びについてまとめたのが本書です。

また本書では、ＹｏｕＴｕｂｅの中ではお伝えしきれない、人生最後のもの選び「欲しいものリスト」の作り方も具体的にご紹介しています。

私のこだわりや、失敗も含めた経験の数々が、皆さんにとって「自分の本当に大切なもの」と向き合うきっかけになればうれしいです。

目次

第1章 買っても買っても満たされない理由

第2章 フランスで学んだものとの向き合い方

第3章 名品を見つければ人生は豊かになる

第4章 心が満たされる「欲しいものリスト」の作り方

Staff

デザイン　藤榮亜衣
撮影　北原千恵美、Katie（p16、1、3～5章扉、カバープロフィール写真）
執筆協力　町田薫
校正　文字工房燦光
編集　石坂綾乃（KADOKAWA）

―プロローグ―

私のスタイルの原点 洗練されたマダムとの出会い

私には、忘れられない出会いがあります。

20代で仕事をきっかけに渡欧したある日のことです。お散歩に行った公園でお孫さんたちと寛ぐひとりのマダムをお見かけしました。

ベンチに座っている彼女は、遠目から見ても上質だとわかる上下真っ白のスーツを着て、その傍らには使い込まれたエルメスのバーキン。

マダムとはその場でお話しすることも、その後お会いすることもありませんでした。ただ、その様子はとても自然体で、ふだんから着慣れているのだとすぐにわかる気負いのないスーツ姿、ブランドにも決して負けていない、その方の一部になっているようなバッグの使い方。

それを見て、**洗練されているってこういうことなのだと実感し、その佇まいに衝撃を受けた**のです。

その光景は今でも私の憧れです。

将来はマダムのように自然体で歳を重ねたい、内面から滲み出るエレガントさを身につけたい、そして良いものを自分らしく長く使いこなしたい。

そんな強い思いが、今のスタイルの原点になりました。

30代になった頃、買っては手放すを繰り返す日々から、将来に向けて少しずつでもいいものを揃えて長く使っていきたいと思いはじめました。そのとき、真っ先にこの光景が頭に浮かんできたのです。

歳を重ねながら自分が本当に欲しいものを手に入れるにはどうしたらいいのかと考え、

「欲しいものリスト」を作りはじめました。40歳でようやく手にした憧れのバーキンは、このときに作った「欲しいものリスト」にラインナップした最後のアイテムでした。

それは決してハイブランドだからいいとか、バーキンを持っているから素敵、というわけではありません。

今でも映像として目に焼き付いている、マダムの真っ白なスーツをさらっと着こなす抜け感と、傍らに無造作に置かれたバッグ。

その光景から、あんなふうに歳を重ねていきたい、**私もそういう生き方をするんだ、という信念みたいなもの**が生まれたのかもしれません。

このマダムとの出会いが、それからの私のもの選び、ひいてはライフスタイルを決定づけるきっかけになったことは、本当に幸運だったと思っています。

ものと向き合うことは
自分と向き合うこと

学生の頃からアイロンがけが好きで、毎日自分で制服にアイロンをかけていました。「女子高生は清潔感が一番かわいい」と思っていたので、メイクやおしゃれをするような感覚で、とにかくかわいくなりたくて続けていました。

通学用の靴磨きも毎日の日課でした。磨くこと自体が楽しくて趣味みたいなものでしたが、きれいな制服を着ていたらかわいいと思うのと同様、当時、素敵な靴を履いて颯爽と街を歩く大人の女性に憧れていたのです。

こうして書くと、とても几帳面だと思われがちですが、実はものすごく面倒くさがり屋で、ずぼらな性格です。

しかし「いつもきれいでいたい」という思いが強く、清潔感のある身だしなみが「きれい」を作ると思っていたのです。

さらに、それを毎日続けることで、ものが長持ちすることを経験として知ることができました。

今にして思えば、アイロンがけも靴磨きも、それを無心でやることで自分の心が整うことを感じていたのかもしれません。

私にとっては義務ではなく、「仕事で疲れたからアイロンがけしよう」というリフレッシュ。服や靴がきれいになっていくのを見るのがうれしいし、そうすることで自分も心地良いのです。

日常的にお花を飾るのも同じです。フランスはいつも街にお花が溢れていて、仕事をしているときも、美しい街の景観を目にするだけで癒されました。

日々の暮らしの中で「お花は日常に彩りを与えてくれる」と実感していたので、日本にいてもお花を飾るようになりました。

今では生活の一部となり、無いと寂しいし、物足りません。逆にお花があるだけで、その空間は心が落ち着くかけがえのない場所になります。

自分が好きなことを徹底的にやるのはフランス人気質にも通じていて、今の自分らしさの土台を作っています。自分が好きなことをやるだけで、毎日はとても充実します。

私にとって、こうしてものに向き合うことは自分と向き合うこと。

アイロンがけも、靴磨きも、花を飾る行為も、自分が心地良くいられるための手段であり、理想の暮らしを叶えてくれるピースのひとつです。そして、そうしたことを積み重ねることで、満たされた毎日が形作られていきます。

本当に欲しいものこそが自分を引き上げてくれる

私は小学生の頃から、将来は「おばあちゃんになって『あぁ、楽しかった』と思いながら死ぬ」と決めていました。

そして老後を楽しく過ごすために、20代のうちにやっておきたいこと、30代で手に入れたいものは何かを、いつも逆算して考えていたのです。

その手段のひとつが、自分で作った「欲しいものリスト」です。

将来手に入れたいものの写真を1枚の紙に貼り、それを見ながらいつも気持ちを上げていました。

リストを作りはじめた30代の頃に意識していたのは、40代、50代の読者を対象にしたラグジュアリーな雑誌でした。とにかく「早く洗練された大人になりたい」と思っていたので、私のピントはいつも10歳、20歳以上先に合っていたのです。

それは、**「こうでありたい自分」を考えることが、ものと付き合う上でもっとも大切**だったからです。

日本人は総じて若く見られたい傾向がありますが、フランス人は「早く成熟したい」という思いが強くあります。

知識や人生経験が豊富で、外見だけでなく教養もある素敵な女性＝大人の女性という感じでしょうか。

私も若いときから、憧れのアイテムに恥じない自分に成長したいと思っていましたし、それを手にしてからは心が満たされるだけでなく、自分に自信が持てるようになりました。自分で選んだ本当に欲しいものや、自分にとっての名品は、それを持つ人を底上げしてくれる力があり、最強の「相棒」になってくれます。

もの選びを見直せば、共に歳を重ねるのが楽しみになる

私が「こんなふうに歳をとりたい」という将来設計の中にあったマダムの姿には、「自立した女性になりたい」「バーキンを持って颯爽と街を歩きたい」という生き方へのモチベーションや憧れが強くありました。

特にバーキンは自分にとっても高嶺の花ではありましたが、「それを持った自分」をイ

メージすることで「代替品を買おう」という気は起きなくなりました。

この、**何としても「これ」が欲しい、という気持ちとイメージこそが、物欲の抑止力**なのでしょう。

もちろん、すぐには手が出ないほど高額なのと、買おうと思っても簡単には手に入らないものなので、手にするまでには時間もかかりました。しかし、ようやく手に入れたときから今まで使っていると本当に丈夫で、この先も長く使えることが実感できます。

そして、日々使い込むことで愛着が湧き、長い目で見れば使い捨てを繰り返すより、経済的にも精神的にもずっと健全です。

私がものを選ぶ基準は、「使っていて心地良い」「傍にあると落ち着く」「見ているだけで癒される」「美しいと感じる」など、**自分の心がどう感じるのか**、です。

逆に言えば、「人からすすめられたから」「今、流行っているから」「何となく選んだ」「安かったから」という理由でものを選んだとしたら、愛着が湧かないまま「それなりに」しか扱わないでしょう。

本当に憧れのものを手にすると、それ以上欲しいものがなくなります。

どんなに素敵なものを買っても満たされない人は、もしかすると後者のように、他人基準でものを選んでいるのかもしれません。

もの選びの根底にあるのは、どうしてこれを選んだのかという強い気持ちと自分だけのこだわり。

ものも人も、本当に大切なものだけあればいい。自分で選んだものだからこそ、いつも身につけたいし、一緒に歳を重ねていきたいと思うのです。

周りからの評価ではなく、自分の気持ちをもの選びにとことん反映させれば、ものとの向き合い方も、それと共に過ごすこれからの人生もきっと変わってくるはずです。

第1章
買っても買っても満たされない理由

自分を主張し、相手も尊重する国フランス 渡欧してわかった同調への「違和感」

私は幼少期から「少々変わった子」だったようです。物心ついたときには、自分のやりたいことや好みがとてもはっきりしていました。

考え方や好みに迷いがないので、周りの目を気にしたり、意に沿わないことに同調したりする必要性もあまり感じていませんでした。

そのせいなのか、日本にいるときの私はちょっとした違和感を抱えていたのです。

日本では、学校教育も人間関係も、「～しなければいけない」「～するのが普通」という考え方に直面することが多く、それは日本人独特の「空気を読む」良さでもあります。

ただ、「周りの意見や行動に合わせる感覚」にはいつも違和感を持っていました。

とはいえ、人と対立したり争ったりすることが苦手なので、自分の信念を押し付けたいわけではありません。

そのときも、「この人はこう思うんだ」「私はこう思うな」と考えるだけで、「何で私と違うんだろう」と、違う考えに対して腹を立てたりすることはありませんでした。

それが、ご縁があって20代で渡欧したときにはじめて、「違和感の正体」に気付くことになります。

海外では、「あなたはどう思う」と頻繁に聞かれるのです。

そして、「あなた」という人の前には「日本人の」という意味合いも含まれています。「日本のことを知れば、この人を理解する助けになるのでは？」という思考から、「日本ではどうなの」「日本のこういうことを教えて」ともよく聞かれました。

相手に興味を持てば、おのずとその人のことが知りたくなります。そのために、相手の意見を聞き、受け入れ、自分の思っていることを伝えることで理解する。

フランスで体験した国も文化も風習も異なる人とのコミュニケーションは、そうやってはじめて成り立っていました。

自分を主張し、相手も尊重する。

そうすることが日常的な世界を目の当たりにしたとき、私が日本で抱えていた違和感が払拭され、ストンと腑に落ちた気がしました。

買っても、買っても、満たされない日本で抱えていた悩み

私は自分の好きなもの、欲しいものが明確で、ワードローブで言えば、白シャツやジーンズ、ジャケットなど、好きなアイテムはずっと変わっていません。それが流行に左右されることもありませんでした。

ただ、好きなものが明確にあったにもかかわらず、「今は高くて買えないから」という理由で、それに近いものを間に合わせで買っていた時期がありました。

フランスのマダムとの出会いから、エルメスのバーキンは「いつか自分も」と憧れ続けたバッグです。

とはいえ、当時20代の若者だった私が購入できるような代物ではありません。

そこで、似たような「たくさん収納できる」形状や、「自分の身の丈に合った」価格帯のものを選んでいましたが、結局、何を買っても満足できず、買っては手放す、の繰り返

し。そんな自分に悩んでもいました。

今思えば、それも当然です。

だいたい、「生涯、これを」と心に決めたほどほれ込んだ一品に代わるものなど、あるはずもないのですから。

代替品として買ったものに愛情が持てず、いつも満足できなかったのは自然の成り行きでした。例えるなら、ずっと好きな人がいるのに、別の人と付き合っているようなものです。

買っては手放すという浪費を繰り返した末、「これではキリがない」と思って作ったのが第4章で紹介する「欲しいものリスト」です。

自分が「本当に欲しいもの」をひとつずつリストアップして、「次はこれを買おう。そして、これを買うまで余計なものは一切買わない」と心に決めました。そうして30代の10年間をかけて、そのリストにあるものをひとつずつ揃えていったのです。

今の私は、そのリストにあった「欲しいもの」だけに囲まれています。

振り回されやすい「外向き」のもの選びと心地良さを優先する「内向き」のもの選び

私はオールシーズン、白シャツを愛用していますが、ＹｏｕＴｕｂｅを視聴してくださる方からよく、「夏に長袖で暑くないですか？」「汚れは気になりませんか？」という質問をいただきます。

私の場合は、紫外線アレルギーで半袖が着用できないことに加え、夏でも室内はクーラーがきいて涼しいことが多いので、長袖くらいがちょうどいいのです。

服についた汚れも、実は色柄ものよりも断然洗いやすく、食べ物のシミならしばらく洗濯液につけておけばすぐに落ちます。そして何より、白シャツはどんなコーディネートにも合わせられる万能アイテムなので、私の生活には欠かせません。

しかし多くの人は、「白は汚れやすいからふだん着には向かない」「この素材は季節外れかな？」という先入観や固定観念から、もの選びがいわゆる「〇〇すべき」という常識や他人基準の価値判断になっているのかなと感じています。

もうひとつ、振り回される要因として思い当たるのが「衣替え」です。季節ごとに服を出したり片付けたりする日本の文化は、冬に着たダウンは暖かくなったら片付けて、春先に着ることはほとんどありません。

しかし、フランスでは夏でも肌寒いときには薄手のダウンジャケットやコートを着る人がいます。それは、衣替えの文化がなく冬物をしまう習慣がないため、常識にとらわれず、他人の目を気にしないからです。

そして単に、「寒いからダウンを着る」という自分の肌感覚に従って決めているのです。彼らにとっては、**周りの評価にとらわれて、寒いのを我慢することは本末転倒**なのです。

日本人は特に、人からきちんと見られたいという思いが強く、外に目を向けている部分が多いこともあるでしょう。

もちろん、そうした考え方は決して悪いことではありません。

ただし、もの選びに関しては、それがものに振り回されてしまう原因のひとつになっているのかもしれません。

フランス人は自らの五感を優先し、自分が心地良くあることを前提に行動するので、ものに振り回されたり、後悔したりすることもあまりないようです。

それは、**常に自分の内側に目を向けていることで、欲しいものの本質がわかっているから**です。

逆に、欲しいものの本質がわからなければ、満足できるはずもありません。

それに気付いたとき、もの選びに振り回されず、本当に欲しいものを見つけるためには、常識や風習、周りの目などはいったん脇へ置いておき、自分の内側に目を向けて、自分の本当の気持ちと向き合うことが大切なのだと思い知らされました。

フランス人の「自分に正直な生き方」はきっと、もの選びに悩めるみなさんの新たな視点になるはずです。

何が欲しいのかわからない……もの選びと人生観の密な関係

ものに振り回される以外に、自分が本当に欲しいものがよくわからないという声も耳にします。

日本には「自分探し」という言葉がありますが、これに象徴されるように、**自分がどうしたいのかがわからないという人が多くいるようです。**

自分のことがわからなければ、本当に自分が求めているもの、つまり本当に欲しいものが判断できないのも当然です。

その原因のひとつに、日本の教育が関係しているのではないかと思うことがあります。日本では小さい頃から、常に「こうしなさい」という答えを与えられることはあっても、その過程で、「あなたはどうしたいの？」と考えさせられる機会はあまりなかったのではないでしょうか。

一方で、フランスをはじめ、ヨーロッパの多くの国々では幼少期から、「あなたはどう思う？」と家庭や学校でも日常的に問いかけます。

他民族が共存する中、文化や風習の異なる相手に対して意見を聞く、自分の意見を伝える、という機会が日本に比べて圧倒的に多いのです。

ここでちょっと面白いお話をしましょう。

フランスの学校では、消しゴムを使いません。筆記用具にはボールペンを使い、直したいときには横線や斜線を引いて訂正します。

それは、間違った答えを消しゴムで消して「間違いをなかったことにしない」ためなのです。

日本では「正解することが大事」、とされる傾向にありますが、フランスでは「間違っていても、その答えを導き出すために自分なりに考えたプロセスが大事」なのです。

そうした教育が根底にあるから、「間違いは恥ずかしいことではない」「間違いを恐れずどんどんチャレンジするべき」という意識が自然と育ちます。

それは、自分の意見をはっきりと主張できる行動にもつながっているのです。

無意識のうちに「正解」を求め、何が正解なのかを周りの情報で判断する傾向は、日本人に多く見られる自己肯定感の低さと無関係ではないでしょう。

欲しいものがわからない、何を買っても満足できない、というジレンマは、それに起因している気がしています。

もの選びの失敗は自信のなさが原因
「自分を愛すること＝ものを愛すること」の法則

私は常々、**自分を愛せる人は、同じようにものを愛せる人**だと思っています。

自分を愛せる人＝自己肯定感の高い人は、他人の評価を気にせず自分フィルターでものを選ぶので、手に入れたときに大きな満足感が得られるからです。

そして、自分で納得して選んだものはすぐに飽きたりすることはなく、簡単に手放すこともありません。

逆に、自分を愛せない人＝自己肯定感の低い人は自分の選択に自信が持てず、自分の気持ちよりも周りの情報を優先しがちです。

他人の評価が得られることで一時的に安心することはあっても、自分にとって本当の満足感を得ることはできないのではないでしょうか。

特に「失敗したくない」という気持ちが強い人ほど他者の評価を重んじるので、もの選びにもそれが強く反映されているように感じます。

私の場合、昔から欲しいものがはっきりしていて、もの選びで迷うことはありませんでした。また、買って後悔したこともほとんどないのですが、過去に何度かは失敗もしています。

私は料理が得意ではありません。いつか得意になるだろうという期待も虚しく、残念ながらいまだに自信がありません。

少しでも料理が楽しくなればと、何度かネットでおすすめの「キッチンの便利グッズ」を購入したことがあります。結果、どうなったかというと……結局、使いこなすことができなかったのです。

今思えば、それは**他人評価の「便利」であって、私にとっての「便利」ではなかったのですから当然**のことでした。

そうやって何度か失敗して気付いたのは、「苦手＝自分に自信がない」から他人評価に頼りがちになる、ということです。

とはいえ、苦手なことも頑張って得意になりましょう、という話ではありません。苦手はあってもいいのです。完璧な人など、いるはずもありません。

ただ、その苦手意識が自己肯定感を下げる要因になるくらいなら、苦手なものはハードルを低くすればいいのでは?と思い至ったのです。

私は今でも料理が本当に苦手なので、いろいろ手を加えることはできません。それに本音を言えば、苦手なことに時間を費やすより、好きなことに時間を使いたい。

だから今では、「とりあえず素材さえ良ければおいしい」という自分理論で乗り切ることにしています。

高い理想を掲げると自分が苦しくなりますが、低いハードルを飛び越えることで自信が持てるようになり、自然と自分を愛せるようになってきます。

そんな自分のお眼鏡にかなったものだからこそ、いつも最高の伴侶として隣で支えてくれ、自分の人生をもっと豊かにしてくれるのだと思うのです。

便利すぎるサービスは考える機会を奪う？ フランスの不便さが与えてくれる創造力

海外に出ると、「日本のサービスの質の高さ」を実感することはよくあります。交通機関は時間通りに来るし、飲食店に入ればすぐにお水を持ってきてくれます。宿泊先のホテルでシャワーのお湯が出ない、なんていうこともほぼありません。

しかしフランスでは、とにかくすべてのことが予定通りにはいきません。電車や飛行機が遅れるのは日常よくあること。機械もよく壊れるし、ホテルでお湯が出ない、なんていうことはしょっちゅうです。

それに、ホテルのフロントに「〇〇を持って来てください」と伝えても、すぐ部屋に持って来てくれる日本と違ってなかなか来てはくれません。

また、こんなこともありました。あるとき、カフェにひとりの男性が入ってきました。

しばらく経っても男性のテーブルにオーダーを取りに来る気配はなく、気付けば1時間近く経っていました。それでも、その男性は怒っているふうでもなく、ただオーダーが来るのを悠然と待っていたのです。

そこまで極端なケースは稀ですが、フランスでは暇なときでも10分、20分、放っておかれるのは日常茶飯事です。

そしてカフェに来る人も、それを当然のように受け入れています。

それと言うのも、そもそも「カフェではゆっくりするもの」という共通認識があるようで、カフェに行く人も従業員も、「ゆっくりしに来ているのだから、慌てなくてもいい」と思っているから。

ちなみに、フランスのカフェでは、ゆっくりしたい場合はテーブル席、急いでいるならカウンター席を選び、席によって値段も違います。

また、フランスでは日本の感覚とは違って従業員とお客様は対等という意識が強く、お店が忙しいとよく待たされますが、訪れる人もそれを承知しているのです。

そのような文化に慣れてくると、日本に帰国したとき、少しレジに並んでいただけでお店の方から「大変お待たせいたしました！」と言われると「いやいや、まったく待っていないのに」という感覚になります。

少し話は逸れましたが、そうした環境のせいか、フランスでは「Ça ne marche pas」（サ・ヌ・マルシュ・パ）「使えない、機能していない」という言葉がよく使われます。

そして「サ・ヌ・マルシュ・パ」が発生するたびに選択や行動を迫られたり、「どうしよう」「自分はどうしたい」「あなたはどうする」と頻繁に考えさせられたりする習慣がついています。

常に自分で考えなければいけない状況に置かれていて、自分がどうしたいのかと自問しては、いつも自分の心に素直に行動しているのです。これがフランス人は利己主義だ、と思われる理由のひとつなのではないでしょうか。

フランスでのこういった不自由さは、私にたくさんの創造力を与えてくれます。そして、どんな状況でも人生は自分の考え方次第で幸せになれることも教えてくれるのです。

これとは反対に、日本にいれば「困った、どうしよう」という状況は圧倒的に少なく、たまに電車の遅延や飛行機が飛ばないことがあっても、代替の交通機関を案内してくれるなど、こちらが考えずともトラブルに対処してくれることが多いものです。

こうしたサービスの質の高さは誇るべき文化で、あらためて日本はいいなぁと実感しますが、そのために自分で考える機会が少なくなってしまっているのも確かです。

ただ、それでも原因がわかれば対処は可能です。

要は、自分で考えることを放棄せず、どんなときにも「私はどうしたい」を持ち続けていれば、周りに惑わされることもなくなります。

そうやって築いた**私基準こそが自信となり、自分（の考えや行動）を愛せるようになれば、もの選びにも正面から向き合えるようになるはず**です。

常識や他人基準から、振り回されない私基準のもの選びへ

私がものを選ぶ場合、必ず理由があります。
例えば利便性や使い心地の良さ、単に好みもありますが、どんなものも常に自分基準で考えます。
また、明確な理由や好みがあるので、周りの情報は気にならず、他のものに目移りすることもありません。

自分基準のもの選びには、自分がどういうライフスタイルを送りたいかが大きく影響しています。**「どんな人になりたいのか」「どんな人生を歩んでいきたいのか」という人生観は、もの選びと密接に関係しています。**

私の憧れは、パリの公園で出会ったマダム。

バーキンが欲しい、と夢見たときから、ボロボロに使い込んだバーキンが似合う自分になりたいと願い、今は道の途中です。

大仰に言ってしまえば、ものと向き合うことは自分の人生と向き合うこと。

自分が本当に好きなもの、必要なものを自分だけの価値観で選び取ることができれば、はじめこそ釣り合いがとれていなかったとしても、長く一緒に過ごすほどに馴染んで、相棒感も高まります。

明確な人生観があればこそ、自分のフィルターを通して不要な情報や概念をふるいにかけて、本当に必要な（好きな）もの選びができるようになります。

これまであまり機会がなかった人も、もの選びを通して自分自身を振り返るチャンスなのです。

フランス人は質の良いものを10年、20年と大事に使います。

私もそんなライフスタイルに憧れて、いつしか日々を共にする家族のように、服やものを選ぶようになりました。

選んだものと時間を積み重ねていく過程を楽しみ、歳を重ねた先に新たな魅力を見出す。
経年変化は決して忌むべきものではなく、素敵なことだと思えるようになりました。

見る角度を変えると世界は変わります。これまでの常識や見方から自由になれば、ものに振り回されることもなく、今までとは少し違った視点でものと向き合ってみることができるようになるかもしれません。

次の章では、私がこれまで影響を受けたフランス流の考え方、スタイルなど、フランスで学んだ自分基準のもの選びのヒントをご紹介していきます。

第2章

フランスで学んだ ものとの向き合い方

不要なものは手にしない、一度手にしたものは簡単には捨てない精神

フランスでは「SOLDES（ソルド）」と呼ばれるセール期間が国で決められていて、欲しかったものがセールで安くなるのを待って、手に入れたりします。

ただ、いくらセールでも、**「安いから」「得だから」という理由で、自分にとって不要なものを買うことはありません。**もともと「欲しかったもの」というところが大切なのです。

いくら安くても自分にとって必要ないものにお金を使ったりはしません。

どんなに欲しかった服でも、試着を何度も繰り返し、結局買わない、なんていうこともしょっちゅうです。

その逆に、一度手にしたものは簡単には捨てません。

ブランド品やアクセサリーなどは、代々受け継いだものを大切に使い、壊れたものはリフォームして再利用。使えなくなったものでも、アンティークショップや蚤の市に出した

りして、最後までものの命を粗末にしません。

少し話は変わりますが、フランスをはじめ、欧米では贈り物をしたとき、相手がその商品を気に入らなかった場合に交換できる、値段が記載されていないレシートを発行してもらうことができます。

ここにも「不要なものは手にしない」合理的な国民性が感じられます。

私もそういったサスティナブルな精神が大好きで、不要なものは持ちたくないし、**自分が選んだものであればとことん使い倒したい。**

それに、**ものを捨てる行為はとてもエネルギーを使い、捨てることでそのものを選んだ自分を否定するように感じてしまいます。**

だからこそ、簡単には捨てなくて済むように、まずは手元に置くものを厳選しようと常に心がけています。

古いもの、使い込んだものにこそ良さがある
フランスのメンテナンス＆アンティーク文化

フランスでは、古いものを大事にします。
むしろ、古いものがいい、という感覚もあり、アンティークが好まれるのもそれを物語っています。実はこれも、フランスの文化や風土が大きく関係しています。

例えば、日本では神社建築において、社殿の一部または全部を一定の期間ごとに建て替える文化があります。それにはさまざまな理由がありますが、「建て替え続けることで永久保存の建築物にする」だけでなく、宮大工などさまざまな手工業者の技を伝承する意味もあるでしょう。

一方で、フランスには大きな地震も少なく、建物は石造りのため、建物の寿命は長くなります。

そのため建て直すのではなく、修復を繰り返して、建物を維持しています。
メンテナンスの文化が根付いているのは、このような背景もあるからでしょう。
国そのものがメンテナンスありきの文化なので、そこに暮らす人も**古いものを上手に使っていくことを自然に覚え、使い込んだものほど魅力があるという価値観を持っています。**

また、街の景観も厳しく定められていて、アパルトマンを借りると、部屋の中は自由にリフォームできますが、外観に関してはさまざまな規制があり、国自体が、歴史ある街並みを守っています。

「蚤の市」には、アンティークを扱うお店もたくさんあります。
お店は玉石混交で、プロが買い付けに行くような有名な所もあれば、ガラクタが交ざっているお店もあります。

19世紀の古き良きパリを感じられる「パサージュ（Passage）」はレトロなショッピングアーケードで、昔の使用済みのポストカードを売っているアンティークショップもあります。

年代物で、使い古しだからこそ味があると、部屋に飾ったり、コレクションしている人もいるようです。

古いものを大事にする文化があるから、ものを捨てるのは最終手段。

使えるうちはとことん使い倒します。それは、自分が本当に必要で選んだものだから、最後の最後まで使いたい、という強い気持ちの表れでもあります。

壊れて使えなくなったものも蚤の市に出し、用途は違ってもこれを何かに使いたいと思う人の手に渡ることで、それは新たに生まれ変わるのです。

アール・ド・ヴィーヴルの精神が息づく
フランス人の「生活の美学」

「アール・ド・ヴィーヴル」とは、直訳すると「暮らしの芸術」。

そこには**「自分らしく美しく生きる」「美しく幸せに生きる」**という**「生活の美学」**があります。

フランス人には、この「アール・ド・ヴィーヴル」という精神がDNAに組み込まれていて、日常的にお花を飾るのも、「部屋に一輪でもお花があったら素敵」という感覚を持っているからでしょう。

知人の話によると、フランスでは窓が汚いと向かいの家からクレームがきたりもするそうです。そこに建つ家の窓が汚れていたら景観が台無しになるという理由からです。

建造物との調和した景観を保つための規制も存在するほど、人々の中には、街の景観を美しく維持しようという高い意識があります。

彼らにとって、ふだん暮らしている中で目に入るものを美しく保つことは、特別なことではなく日常であり、大切な美学でもあるのです。

また、忙しいときに冷凍食品をひとりで食べるような場合でも、彼らはきれいなランチョンマットを敷き、お気に入りのお皿に盛り付けます。

手頃なワインも愛用のワイングラスを使うことで、ほんの少しでも気分が上がる食卓にするのです。

スーパーやコンビニで買ってきたお弁当をプラスチック容器のままでいただくのと、ちょっとしたことでも楽しもうと工夫をするのとでは、気持ちの上でまさしく天と地ほどの差がある気がします。

このように、どんなときも「アール・ド・ヴィーヴル」を忘れないフランス人の精神は、はじめて渡欧した20代の私に大きな影響を与えました。

彼らの中には、「冷凍食品にお気に入りのお皿を使うのはもったいない」「安いワインのために高級なグラスを使うのはもったいない」という思考はありません。

疲れてごはんを作れないようなときにも、お気に入りのものを使うことで得られる効果の方が得難いからです。

それに何より、**ものは使ってこそ活きるもの。気分が下がりそうなときこそ、お気に入りのものたちの出番**なのです。

日々の暮らしの中で**「美しいか、美しくないか」「楽しいか、楽しくないか」、いつもその基準で選択してみる。**

シンプルだけれど、実は一番大切なことなのかもしれません。

私たちもそうやって、生活の中に「アール・ド・ヴィーヴル」を取り入れながら、ものと上手に付き合っていけるといいですね。

もの選びの真髄を垣間見る フランス人の台所「マルシェ」の魅力

私は「マルシェ」（フランスと言えば思い浮かぶ、野菜や生鮮食品などが売られている市場）が大好きです。カラフルで新鮮な野菜やお花が並ぶ景観や、でき立てのお惣菜から漂うおいしそうな匂いに、つい足を止めてしまいます。

ゴロゴロと無造作に並べられた商品の中から手に取って品定めをして、小ぶりのりんごが欲しければそれを1個、にんじんを買うなら、好みの大きさのものを必要な分だけ購入します。

過剰な包装も必要なく、無駄な食材の廃棄につながることもありません。

そうやって視覚や嗅覚、触覚（食べれば味覚も！）など、私の五感を楽しませてくれるのがマルシェの魅力です。

それだけではありません。私にとって何より楽しいのは、店主とのコミュニケーションです。

今の時期はこれがおいしいとか、この食材はどうやって料理するといいとか、話が盛り上がると、何十分でも話していられます。

マルシェではアナログな部分も残っていて、現金払いがほとんど。店主と雑談しながらお金のやり取りをするのも楽しいものです。

それに最近は日本人だとわかると、知っている日本語で話してくれたり、英語で話す人も増えています。

パソコンやスマートフォンのボタンひとつで欲しいものが買えたり、セルフレジで誰とも話をしないまま買い物をするのが当たり前になってきている今、マルシェには、買い物の原点を思い出させてくれる魅力があるのです。

マルシェにも場所によっていろいろな特徴があります。

オーガニック専門のマルシェや、有名シェフ御用達のマルシェ、安くて新鮮な食材ならここのマルシェがおすすめ、という具合です。

フランスでは庶民の生活の一部で、自分が贔屓にしているマルシェがあることも珍しくありません。

今でも仕事や旅行でフランスにいる間は、新鮮な食材やおいしいお惣菜を買って、そのままピクニックに行くこともよくあります。

マルシェだけでなくスーパーでも、野菜や果物が3個1袋になっているようなことはなく、1個ずつそのまま積み上がっています。

日本のスーパーで袋やパック詰めにされているのは、衛生観念が強い国民性ということも影響しているのだと思いますが、このようなところにも「不要なものは買わない」フランス人の姿勢が大きく影響しているのかもしれません。

五感を刺激したり、人とのつながりを感じさせてくれたりするマルシェは、日本でもたくさん開催されています。

観光地や漁港などでは、朝市や週末市、ところによっては常設されているところもあります。

地元の商店街でも定期的に朝市が開催されていたり、農家の方がその日に収穫した野菜や旬の果物を、販売していることも。

私も日本の旅行先では必ず、マルシェをのぞきに行きます。新鮮な商品が活気溢れる店先に並んでいるのを見るだけで、旅の楽しさも倍増します。

必要なものを、必要な分だけ買う。自分の五感が喜ぶものを手に入れる。そんな「もの選びの本質」を手軽に体験できるのがマルシェです。

みなさんも、国内外のマルシェに足を運び、買い物の原点に立ち返ってみませんか？

日々を満たすことが人生を変える潤いをくれるお花を飾る習慣

ヨーロッパではお花が本当に身近で、日本よりも安価に手に入ります。

老若男女を問わず気軽にお花を買う人が多く、花束という大げさなものでなくても、一輪挿してテーブルに置くなど、お花を飾る習慣が日常生活に溶け込んでいます。

フランス人は、「経験」や「バカンスを楽しむ時間」など、**「自分の心が整うこと」に価値を見出します**が、お花を飾るのもそのひとつでしょう。

20代で渡欧して、そうしたフランス人の価値観に触れてから、前述の通り私も生活の中にお花を取り入れるようになりました。

形状や色彩、香りで五感を楽しませてくれるのはもちろんですが、何よりお花の水を毎朝交換したり、長持ちするように茎を切ったりしてお世話していると、同じ場所で生きているお花からたくさんのエネルギーをもらえます。

お花屋さんでちょっとした会話をしながら買ってきたお花は、玄関に置いたり、リビングやダイニングに飾ったりと気分次第。

はじめは長い花瓶に挿しておき、少しずつ茎をカットして、短くなったら一輪挿しに入れて最後まで楽しみます。

マルシェと同様にお店の人からお花を長持ちさせる秘訣や、楽しむヒントを教えてもらえることも多く、特別にお花の知識はなくても十分に楽しむことができます。

さらに、動物好きの人がペットに話しかけるのと同じように、私も毎日、お花や観葉植物に「おはよう」と声をかけます。

対話して愛情を注ぐことによってより美しく、しかも長持ちするのです。

お花も喜んでくれていると感じるし、それがこちらにも伝わってきて、私の気持ちも温かくなってきます。

慌ただしい毎日でも心に潤いを与えてくれるお花は、今の私にとってはなくてはならないものです。「自分にとって本当に必要なもの」だけに囲まれていれば、暮らしが、人生が、どんどん満たされます。

フランス人が自分だけの価値観で必要なものを選び、結果的に自分の人生を楽しめるのは、そうした理由からではないでしょうか。

お花を買うことで自分の心が楽しくなったり、癒されたり、元気が出たりするように、私にとってのお花のような存在が、みなさんにもきっとあるはずです。

それこそが、その人にとって必要不可欠なものであり、その人の人生を満たしてくれるもの。

ものを選ぶということはそれほど、人生とは切っても切れないものなのだと思います。

好きな人・ものに囲まれて、自分が楽しく過ごせればいい

フランス人の価値観は、「家族や仲間、自分と大切な人たちが元気で穏やかであればいい」という、とてもシンプルなものです。たくさん話して、飲んで食べて、芸術に触れて、自然の中で心を整える。それが人生のすべてです。

フランスでは小さい頃から芸術に触れる機会がとても多く、世界遺産はもちろん、誰でも入れる公園にも有名な彫刻があったり、さまざまなところにアート作品が展示されていて、街全体が芸術に溢れています。

自然にも関心が高く、公園で過ごしたり、ピクニックに行ったり、バカンスでは何もせずに浜辺に寝そべっていたり。

「自然の中に溶け込んでいる自分」が、彼らの愛する美学なのです。

そのように、芸術がとても身近な環境なので、自然と身の回りのものも「自分なりのアー

ト」という認識を持つのかもしれません。

そして、**自分が心地良く生きるためのアートは、人それぞれが自分の美学で選べばいいことを知っています。**

こんなふうに感じなければいけない、こう感じるべき、という概念もありません。

服装に関して言えば、もちろんＴＰＯを考えることはあります。

でもそれは、「このレストランに行くならこれくらいの服装をしていくべき」という考えではなく、あくまで、「その空間を楽しむためにこれを着よう」という、その場にいる自分や周りの人との空気感や、自分は風景の一部という意識の方が強いのです。

ここにも、「相手を尊重する」フランス人の精神からくる考え方が反映されているのではないでしょうか。

「こうするべき」というルールではなく、自分の気持ちを大切にすることが、「相手を尊重する」ことにつながると考えています。

「自分も相手も尊重して、お互いが心地良くいられる」ことが重要なのです。

私は旅行に行く際、シンプルなワンピースを1着入れておきます。シンプルな服を選んでおくと、アクセサリーやスカーフなどの小物で変化をつけることができます。

合わせる靴やバッグでカジュアルにもなるし、ぐっと淑女度合いの上がる装いにもなるのです。

例えば、シャネルのマトラッセを合わせることでちょっと高級感のあるレストランにも着て行けます。マトラッセはそんな意味もあって、私の「欲しいものリスト」に入れました。おかげで手に入れて以来、さまざまなシーンで活躍してくれる無敵アイテムです。

バッグや靴などは、その人のライフスタイルによって選択肢が変わってくるので、この機会に自分にとっての「無敵」を探してみるのも良いかもしれません。

好きな人・ものに囲まれて、自分が楽しく過ごせればいい。

私は、フランスでそれを目の当たりにして、「自分であることをやめなくていいんだ」と肩の力が抜け、今までの息苦しさから抜け出せたのです。

あなたも私も「好きなように」で自分基準を育む

フランス人はよく、「Comme tu veux」（コム・トゥ・ヴ）という言葉を使います。これは、「あなたの好きなように」という意味です。

フランスでは仕事でもプライベートでも何かを決めるときに「あなたの好きなように」という言葉をよく使います。

例えば、日本で「何が食べたい？」と聞かれて「あなたの好きなように」と答えた場合、一見、相手を尊重しているように聞こえますが、その裏には「何でもいいよ」という気持ちが強いように感じます。

しかし、フランス語の「あなたの好きなように」の裏には、「私も好きなようにするわ」という対のニュアンスが込められています。

自分の意見もあるけれど、相手の意見も尊重していますよ、という意味なのです。みんなが自分基準で考える習慣がついているからこそ、そうしたことが成り立つのでしょう。

フランスでは、自分の気持ちや考えをしっかり伝えることが大切とされています。

自分のことを理解してもらうために話すからこそ、お互いの尊重が成り立ちます。

国が違えば文化や習慣がまったく違うので、すべて理解ができなくても、お互いを尊重することで誤解や争いを避けることができます。

日本人が得意とする「言わなくても何となくわかり合える」「察する」という文化はありません。

ヨーロッパでは、戦争が行われてきた長い歴史があり、個を尊重することは、争うことなく、お互いが心地良く生きていくためのルールでもあります。

しかし、「人に迷惑をかけないように」と一歩引いて自分の気持ちや意見を押し殺してしまうと、意思を持たない人だと思われてしまいます。

日本の謙遜する文化は、一歩下がるからこそ相手を立てることができる素晴らしい文化ですが、その反面、自分の気持ちを後回しにしていることが多いと感じます。

例えば、「いつもおしゃれですね！」と褒められたとき、日本人だったら「そんなことはないですよ」と謙遜する人も多いでしょう。

しかし、その返答は、見方によっては褒めてくれた人の価値観を否定してしまうことにもなりかねません。それればかりか、自分の発した言葉で、自分をも否定することになってしまうのです。

フランス人の場合、まずは「ありがとう」という感謝の気持ちを伝えます。誰だって、自分が選んだものや身につけているものが評価されたり、褒められたりすれば、うれしいものです。

そう考えれば、私たちも一度、謙遜を封印して、「ありがとう」と返してみるのはどうでしょう。

褒められたことを自分の中で受け止めることで、自分自身を認めることにもなるはずです。

流行には流されない
エフォートレスな生き方がスタイルに表れる

20代の頃、ヨーロッパに住みはじめると、流行りを気にする人は周りに誰もいませんでした。ファッション誌もほとんど売っておらず、よく見かけるのはインテリアやガーデニング関係の雑誌ばかり。

あの頃から、自分の好きなものだけを選べばいいのだと、気が楽になったことを思い出します。


昨今、巷には本当にさまざまな情報が溢れています。SNSや雑誌をのぞけば「今シーズンに絶対欲しい〇〇」とか「今持つべきマストアイテム」というワードが並び、流行りの服もコーディネートも教えてくれます。

こうした情報の中にいると、あれも欲しい、これがあった方がいいかも、と迷ってしまうのも必然です。

でも、それは本当に自分が欲しいものなのか、自分に似合うものなのか、そう考えると、実はそうでもなかったりすることが多々あります。

フランス人、特にパリジェンヌはファッションに敏感だと思われていますが、実はパリの街で流行を取り入れているのは、ファッションに携わる人以外、多くは観光客だったりします。

地元の人は流行を特に意識していない、自分が一番心地良くいられるシンプルな装いがほとんどです。

「Effortless」(エフォートレス)、頑張りすぎず、自然体の姿が美しいという考え方が根付いていて、それを体現しています。

先日、フランスの国内線でとある若い女性と乗り合わせたのですが、サンダル、それもスリッパのような形のものを履いていて、足元だけ見るとお世辞にもおしゃれとは言えないものでした。

しかし、その女性は背筋をピンと伸ばし、凛としていて、全体的に見るととてもスタイリッシュ。

どんなアイテムでも、身につける人によってこんなにも印象が変わるのだと感じました。

また、これは年配の方でしたが、とても素敵にコーデュロイのジャケットを着こなしていました。でもよく見ると、ジャケットは毛玉だらけ。それなのに、とてもかっこいい！　それを見て、結局は持っているアイテムをどう着こなすか、自分のスタイルを持っているかがもっとも大切なのだと感じました。

フランスでもＳＮＳなどで流行を知ることはありますが、「流行っているのね」という程度で、それをそのまま自分に取り入れるかどうかは別です。

何を選ぶか、それをどう着こなすか、常に自分フィルターでファッションを選んでいるから、何気ない装いでもその人に馴染んで素敵に見えるのかもしれません。

それに、自分のスタイルを持っている人は、いつもハッとさせられるオーラがあります。

それはおそらく、その人が身につけているものではなく、**スタイルにその人の生き方が表**

れているからではないでしょうか。

世の中に溢れる情報に振り回されることなく、必要な情報だけを取って、その中でも自分の基準で判断して取捨選択していく。

たくさん情報を集めればいい、という感覚はまったくなく、情報が入ってきても、すでに自分の中に答えがあるので「必要ない」とスパッと切り捨てられるのです。

そんなフランス人の生き方が、世界を魅了する秘訣なのかもしれません。

真のエレガンスとは自分の哲学を持っている人

ジェーン・バーキンが世界的なファッションアイコンとなったのは、彼女にしかできない圧倒的なスタイルを持っていたからです。

彼女がドレスに合わせるかごバッグや、ジーンズにはおるトレンチコート、素肌に着るドレスなどはどれも素敵で、私の大好きなアイテムばかり。

そのうえ、「トレンチコートのベルトをなくしても、ネクタイをベルトにすればいい」という彼女の感性や言葉にもノックアウトされました。「トレンチコートはベルトがないと駄目」なのではなくて、なければなくてもいいじゃない、という彼女ならではのスタイルを持っているのがとても印象的でした。

そして、私が30代のときに作った「欲しいものリスト」の中で最後に手に入れたバーキンのバッグは、そもそも彼女が「たくさんものが入るバッグが欲しい」とリクエストしてエルメスが作ったものです。彼女の持つそのバーキンは、くたくたに使い古された彼女だけのものでした。
そんな**彼女が支持されたのは、彼女自身が好きで、選んで、着（使い）こなしていたから。**本当のエレガンスとはこういうことなのか、と衝撃を受けました。

エレガンスという言葉も、フランス人がよく使う言葉のひとつです。ただ、そのエレガンスの意味は、日本人が思う「上品」や、「優雅」という意味とは少し異なり、「洗練されている」「スマート」というニュアンスが近いと思います。
フランス人が目指す生き方は、この「エレガンス」という言葉が一番的確かもしれません。それは外面というより、「生き方がかっこいい」とか、「人として素敵」といった感じです。その人の中面が外見に出る、という認識からくるものでしょう。

同じように、フランスでは「哲学」という言葉もよく使われていて、「哲学」を語ることも大好きです。
哲学者にフランス人が多いことや、小学校から哲学を取り入れた授業があるということも理由のひとつだと思いますが、その人のライフスタイルから滲み出る人生観に重きを置いていることにも通じるのかもしれません。

私のＹｏｕＴｕｂｅで海外からいただくコメントの中には、「あなたの哲学が好き」と言ってくださる方が多くいます。哲学という言葉を使う時点で、**「その人の考え方や生き方そのもの」がとても大事**なのだということが伝わってきます。また、褒めるときは、ものだけではなく、「あなたのスタイルに合っていて素敵ね」という意味合いが強いことからも、内面と外面は切っても切れないものだということがわかります。

私は、そういうものの見方にとても共感しています。

ただ、哲学が身近でない私たちが最初から真似するのは難しいので、公園で出会ったマダムのように、大好きなジェーン・バーキンのように、憧れから入ってみるのもひとつの方法でしょう。

そういう**イメージがあれば、「あんなふうに歳を重ねたい」「あれを持てるようになって仕事を頑張るぞ」と自分を引き上げる道標になります。**

そして、そのイメージと自分の好きなものを追い求めた先が、「なりたかった自分」につながっているのです。

「これも人生」というポジティブな感覚が堅苦しい固定観念から解き放つ

フランスでは、「C'est la vie」（セラヴィ）という言葉もよく使われます。「これも人生」という意味です。

いいことがあっても、悪いことがあっても、「まあ、それも人生だよね」とポジティブに使うのですが、そういう捉え方はすごく素敵だなと思います。

これは、フランス人がラテン系であるがゆえの感覚なのかもしれません。

私は日本にいるときから、日本特有の固定観念を崩したいという願望がありました。

というのも、**固定観念を持つことで視野がとても狭くなり、結果的にそれが自分を苦しめる要素になることを知っていたからです。**

渡欧して、固定観念に縛られず、いい意味での「いい加減さ」を持っていた彼らの懐はとても心地良かったのです。**「嫌なものは、嫌だと言っていいんだ」**と思ったとき、私も救われた気がしました。

例えば、日本では「時間は守るもの」という意識が高いので、ちょっとでも約束の時間に遅れそうになったら焦ったり、「間に合わないかもしれない」と不安になったりします。そうした意識は、日本人の几帳面さからくるものかもしれません。

また、「人に迷惑をかけたくない」とか、「時間にルーズな人だと思われたくない」など、他者を意識した感情を優先しがちだからこそ感じることだと思います。

しかし、フランスでは時間通りに物事が進むことはほとんどありません。

機械の故障や、デモやストライキなど、何かしらの理由で予定通りにいかないことも多々ありますが、そんなときでもフランス人は「それも人生」の精神で明るいのです。

「いちいちそんなことでイライラしたり、悩んだりしていても仕方がない。たとえ遅れたって自分の人生には大したことがない」と考えているから。

そういった場面に遭遇するたび、「確かに長い目で見たら大したことはないかも」という気持ちになり、ふっと心がラクになるのです。

今までガチガチに縛られていた常識や、時間の概念など私にとって足枷だったものを、これは要らない、あれも要らない、と削ぎ落としていったら、とても息がしやすくなりました。

もちろん、社会で生きていく以上、不可抗力で抗えないものもたくさんあります。

だからこそ、自分の意思で選べるものは、好きなものだけを選び取っていきたいと思うのです。

フランス人に不可欠な休息の時間 バカンスの重要性

バカンスはフランス人にとってなくてはならないものです。

彼らは要らないものを削ぎ落として、とても合理的に生きています。だからこそ、生産性が高いということは、実はあまり知られていません。

フランス人は働かない、というイメージがあるようですが、それは逆。

バカンスの時間を過ごすために、日々、家事や仕事に勤しむ。そして、日常から離れる時間を取り、自分にとって大切なことや人生の意味を認識することで、自ずとやりたいことや望むライフスタイルが見えてくるのです。

バカンスでは「何もしない」がフランス流。海辺に寝転んで、ただただひたすらぼーっとする。長いバカンスの間、**「何もしない」を徹底することで、一度自分を空っぽにします。**

そうすることで、休みが明けたら「じゃあ、また頑張るか」とオン・オフをきちんと切

り替えられるのです。

休みは国の法律で決まっていて、約一か月の有給休暇が保証されています。何しろ法で守られているので、休んでいる間に他の人に迷惑をかけてはいけないという気持ちもないし、休暇中は電話や問い合わせがあっても不在なので対応できません、というスタンスなのです。

残念ながら日本ではなかなか長期休みが取れない事情もありますが、それでも、今日一日スマートフォンはいじらない、パソコンを立ち上げない、など、強制的に情報をシャットアウトしてゆっくりと過ごしてみると、何か違って見えることがあるかもしれません。

何より、とても大切だったように思えた外部の情報が、「無くても特に困らない」ことに気付くはずです。

そうやって一度リセットして、**不要なものを削ぎ落としていけば、本当に欲しかったものが見つかるかもしれません。**

Bon Voyage!
人生は旅と同じ

「Bon voyage!」（ボン・ボヤージュ）という言葉を聞いたことはあるでしょうか。
これは、一般的には「良い旅を!」という意味で、旅人にかける言葉ですが、人生を長い旅にたとえる場合も多く、「良い人生を!」というニュアンスで使ったりもします。

そしてこの言葉は、「重たい荷物を持って老後まで歩いていくのはつらいよね。人生は身軽がいいよね。だから必要なものしか要らないよ」という、フランス人のものとの向き合い方にも反映されています。

フランス人のバカンスは何もしないのが基本と前述しましたが、余分なものを持たないから、「何もしない」も可能になるのです。

フランス人の気質として、自分にとって必要なものならお金をかけて手に入れようとしますが、それ以外は無関心です。

加えて、バカンスに大きな比重を置いているので、そのためにはふだんは質素でいい、という明確な基準もあります。

極端に言えば、ものにかけるお金やエネルギーはすべてバカンスに注ぎたい。それが本音かもしれません。

ものをたくさん持ったところで、人生の重荷になるだけ。それなら持ち物は必要最低限にして身軽に人生を旅したい、というところでしょうか。

大事にできるものは、限られています。

だからこそ、それだけを選んで自分が心地良ければそれでいい。自分に当座しのぎのものを与えず、本当に価値のあるものを大切にする。

そんな思想は、まさに私の理想でもあるのです。

無理はしないがフランス流
大切なこと（もの）以外は瑣末なこと

旅好きのフランス人は、健康への意識も高い傾向にあります。

人生を楽しむことに生きがいを感じているので、健康であることは最優先事項で、食べ物は安全なものがいい、という意識が高いのです。そのため、スーパーなど身近なお店にもオーガニックの食材が多く並んでいます。

なるべく安心、安全でおいしいものを選ぶ。それが彼らなりの選択基準なのです。

そうした背景もあって、ふつうの食材はもちろん、オーガニックの冷凍食品にもたくさんの種類があります。

そもそも、フランス人は忙しいときに無理して手料理を作ったりはしません。**大変なときにひとりで抱え込んだり、無理をしたりする必要はない**、と考えているからです。

そこで活躍するのがオーガニックの冷凍食品です。素材が良いものを使った冷凍食品は少し割高になりますが、平日は外食より冷凍食品、という選択肢の方が一般的です。

ちなみに、我が家も息子がピザ好きなので、オーガニックの冷凍ピザはよく利用します。家で焼いて、それをそのままピクニックに持っていったりもします。

ピクニックに行くために、わざわざ時間をかけてお弁当を作る手間も要らないし、苦手な料理をする必要もありません。何よりお弁当作りで時間を使うより、その分、ゆっくりとピクニックを楽しんだ方が有意義だからです。

「無理はしない」という精神のおかげで、フランスは子育てしやすい環境でもあります。子育てはひとりでやるものではなく、パートナーやサポート制度に頼るもの、という社会です。

家事や育児を母親だけが無理する必要はなく、冷凍でも安全でおいしいものを利用すればいい、というのが何ともフランスらしいです。

人に頼ろうと、冷凍食品を使おうと、罪悪感を抱くこともありません。無理なことはしない、という意識が根底にあるからです。

この**「無理をしない」「大切なこと（もの）以外はそれほど重要ではない」**というフランス人の思考が私に大きな影響を与え、今を形作っていることは、次の章でお話ししたいと思います。

第3章
名品を見つければ人生は豊かになる

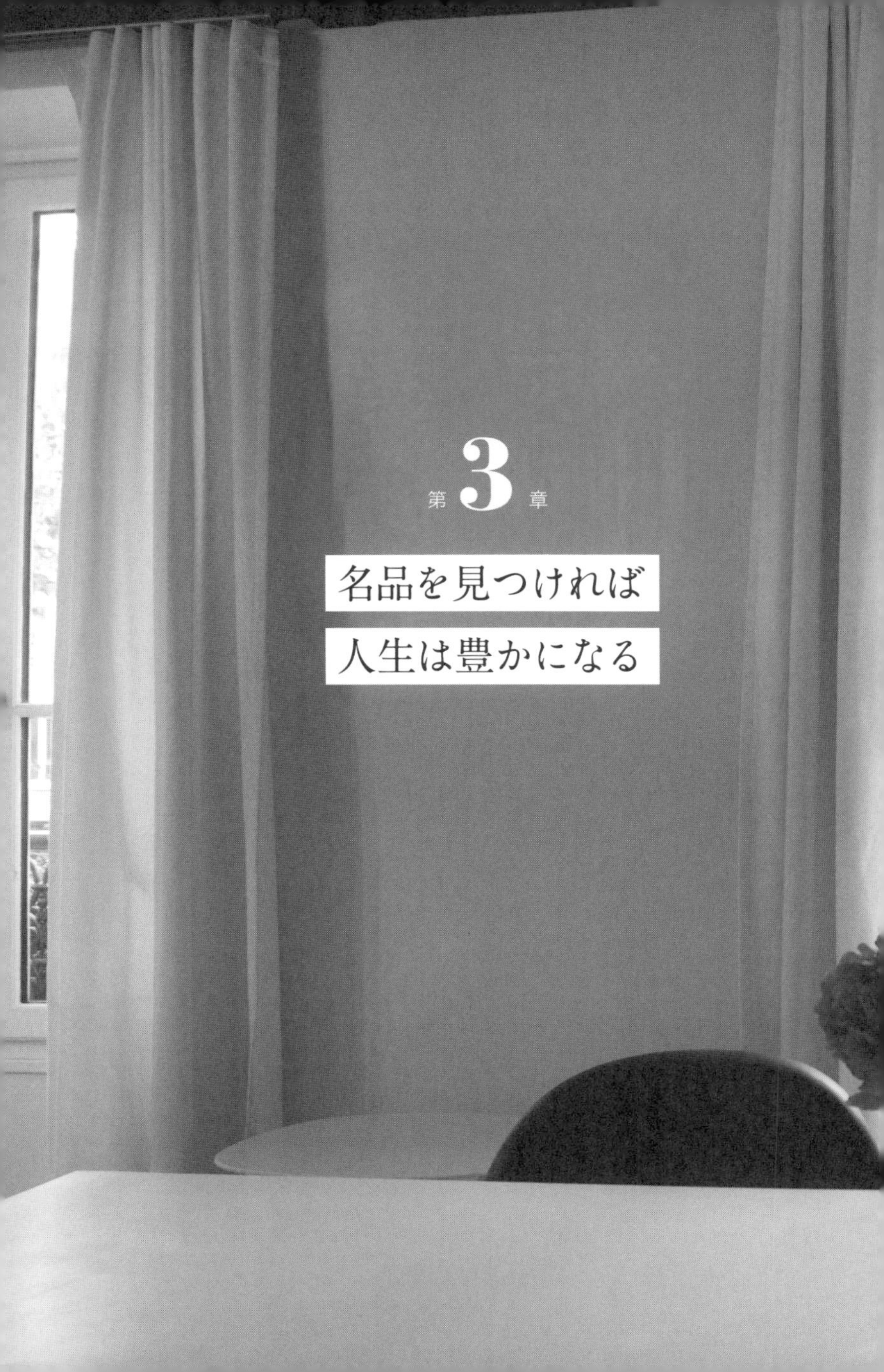

フランスで学んだ考え方 私がもの選びで大切にしていること

ここまでは、ものを選ぶ前段階として、大事なものを選び取ることのできるフランス人のメンタリティや習慣について触れてきました。

本章からはものの選び方について、私の思うところをお話ししていきたいと思います。

使い捨ての多い日本の文化で育ち、20代でものを捨てないフランス文化と出合いました。そこで感銘を受けて以来、ものは安易に捨てたくないからこそ、厳選して買うようになりました。

もの選びで私が大切にしている3箇条をご紹介します。

・流行りは追わない

フランス人の行動は、気分が上がるか、心地良く過ごせるか、という自分軸が基準です。

その中に、人にすすめられたから、流行っているから、という他人の干渉による選択肢はありません。私も同じで、もの選びでは自分の気持ちが最優先。

流行は、言ってみれば、自分以外の人の思惑で作り上げられたようなもの。自分がそれを着ることで気持ちが上がるかどうかは別問題です。

さらに、「流行」がもの選びの基準になってしまうと、それが終われば、とたんに「流行遅れ」に格下げされてしまい、いくら気に入っていたものであっても周りの目が気になってしまいがちです。

そうした負の連鎖を生まないためにも、**自分以外の思惑や感情に惑わされず、自分が心地良く過ごせるものだけを選ぶ**ようにしています。

・自分のライフスタイルに合っている

自分の好きなことを自分のペースでやることがフランス人の国民性です。それが彼らのアイデンティティであり、ライフスタイルを作っている土台でもあります。そして、それに密接に関係しているのがもの選びです。

私は、いつでも**心地良く過ごしていたい、無理はしたくない、素敵に歳を重ねていきたい、**

という理想のライフスタイルがあり、それを叶えてくれるのが身の回りのものたちです。

四季折々のお花を飾り、ワードローブには大好きなアイテムを揃え、眺めるだけで癒されるかごバッグやスーツケースを置き、自分を引き上げてくれる名品を味方に持つのもそのためです。

また、バーキンでいえば、日本では25や30の小さめサイズが人気ですが、私はバッグにノートパソコンを入れて持ち歩きたかったので、大きいサイズの35しか選択肢にありませんでした。

しかし、それほどものを持ち歩かない人には大きすぎるかもしれません。

ものは自分のライフスタイルに合っているからこそ、活躍の幅が広がるのです。

・自分が選んだものに誇りを持って、使い切る

「今、自分にとって必要な分だけ買う」という習慣は、生活に大きく影響を与えています。

そして**「使えるまでとことん使い切る」ことも習慣になりました。**

ものにも命があります。それはブランドや金額に関係なく、たとえ１００円であったとしても自分が本当に大切にしていきたいものなのか、その命を使い切れるのか、常に向

き合うようにしています。

命の長さは、ものによって当然違ってきます。

洋服なら、着ているうちに穴が空いたり、ほつれてしまったりということもあります。穴やほつれはリペアするけれど、生地が傷んでしまったから買い替える、ということもあるでしょう。

ものの命をどのように終えるかは、自分の基準。

単に「最後まで着る＝ボロボロになるまで着続ける」というのではなく、使っていくうちに「そろそろお別れだな」と思うときが「ものの寿命」だと思っています。

妥協せずに選んだものこそが名品「一生もの」と、命ある「消耗品」

ここでいう名品とは、ブランド品だけではありません。

ブランドも値段も関係なく、**自分基準に照らして厳選して手に入れたものこそ、私にとっての名品**です。

名品には、長く愛用できて経年変化が魅力の「一生もの」と、使っていくことで劣化する日常遣いの「消耗品」があります。

それぞれ性格は異なりますが、どちらも私にとってなくてはならないものたちです。

例えば、海外旅行には必ず持参する花柄のワンピースは、ユニクロで購入したものです。

実は、かれこれ4年間、旅行にも日常使いにも着られるワンピースを探していたのですが、理想の素材やデザインのものが見つかりませんでした。

それが、ユニクロに息子のTシャツを買いに行ったときに、ふと見つけたのです。それも最後の1着で定価から割引されて1290円でした。

決して「値段が安いから」決めたわけではありません。

Vネックの深さや腕まわりのデザイン、素材感やスカート丈、さらにアラフィフでも着られる甘すぎないデザインとカラーが、私の好みにマッチしたのです。

選んだワンピースは手持ちのアイテムとの相性も良く、パンプスやサンダル、スニーカーに合わせたりと、幅広く活用できます。

縫製や素材などは値段相応なのでオールシーズン着用すると、おそらく1、2年で劣化してしまうと思いますが、「そろそろお別れかな」と思うタイミングまでたくさん活用したいと思っています。

たとえ**安価なものでも、妥協せずに厳選し、とことん使い倒せるもの**であれば、私にとって、それは名品なのです。
ただし、同じ名品でも、一生ものと消耗品ではそれぞれ選び方が違うので、それは後ほどご紹介します。

品格や自信をくれる時代を超えて輝けるもの

私の考える**一生ものの定義は、「時代を超えて、使うほどに輝きを増し、誰にでも似合うもの」。**また、仕立てが良く、持つ人に品格や自信を与えてくれるものです。

祖母や母から受け継がれるものがあるように、ともすると持ち主よりも長生き（長持ち）します。

スタンダードである故に持つ人を選びませんが、使いこなせるようになるかどうかは持ち主次第。経年変化でその魅力を増しながら、持つ人を格上げしてくれたり、その人らしさを引き出してくれるものです。

例えば、白シャツとフレアスカートだけならふだん着ですが、それに一生もののアクセサリーやパンプスなどを合わせるだけで、仕事着にも、ちょっとした外出着にもなります。

また、カジュアルな装いもマトラッセなど名品と合わせることで格上げしてくれます。

それに、長く使うほど自分の体の一部に馴染んできて、お互いの気持ちが重なってきます。たくさん愛情を注げば、その分、ものも愛情を返して輝かせてくれます。

使えば使うほど魅力を増し、輝いていくので、ずっと長く使いたいと思うのです。

名品は、それを生み出してきたブランドの考え方や歴史、作られたバックボーンも含めて愛されていることも、世界中から選ばれる理由のひとつでしょう。

そのように長い間、慈しみ、愛され続けてきたものが一生ものと言われるものたちだと思うのです。

私は、バーキンを持って、颯爽と仕事をする女性像に憧れていました。

手にしたばかりの頃には、そのオーラに相応しい人になろうと、気持ちをグンと引き上げてもらっていましたが、まもなく50代を迎えようとしている今は、肩の力も抜けて、仕事や旅行に持っていくと心強い存在に変わっていったのです。

共に人生を歩んできた絆と、経年変化による魅力の相乗効果で、これからも無二の親友と呼べる関係を築いていくことが目標です。そのためにも、自分の選んだかけがえのないものたちと、この先もずっと一緒に過ごしていきたいと思っています。

歳を重ねながら寄り添える一生ものの選び方

前述のように、私がものを選ぶ基準は、**「最後まで使い切れるかどうか」**がとても重要です。

ものは使いこなしてこそ、その真価を発揮し価値を高めてくれるので、使い切る自信がなければ、安易に手を出しません。これは一生ものも消耗品も同じです。

ただ、一生ものを選ぶ際は、消耗品にはない重要な視点があります。それは、今の自分ではなく、**将来の自分が持つ姿をイメージする**ことです。

ある程度値の張るものが多いことから、欲しいと思ったらすぐ購入、というわけにはいきませんが、手に入れたいと思ったときに考えることは、今よりも10年、20年、さらにもっと先の未来のイメージです。

一生ものとは、自分と一緒に歳を重ねながら長く寄り添い合い、使い込むほどに魅力を増していくものです。

その真価は、購入当時の初々しさではなく、使われ続けた経年変化にあります。となれば、持ち主も**10年後、20年後の「こんな自分になりたい」を想像して選ぶことに価値があります。**

言い方を変えれば、**イメージする未来の姿で選び方も変わってくる**のです。

そして、一生ものは手にした瞬間から、使うたびに「なりたい」イメージに自分を引き上げてくれます。

だからこそ、一生もののブランドを選ぶ際には、今の自分が持つのにちょうどいいものより、格上のものを選ぶのがおすすめです。

ブランドの持つ風格が、持ち主の格をも引き上げてくれて、さらに、「ブランドに負けない自分になりたい」というモチベーションにもなるからです。

歳を重ねていけば、いつの間にかブランドの持ち主たるに相応しい自分に成長させてくれるはず。

第4章では、自分の良き伴侶を見極め、確実に手に入れるための具体的な方法をご紹介しています。自分の未来設計のためにも試してみてはいかがでしょう。

使い倒すことに意味がある一生ものとの付き合い方

一生ものは、言ってしまえば高級品です。使いはじめは、傷がつかないようにドキドキしながら宝物のように扱ったり、汚れがつかないようにと大事にしまっている人も多いのではないでしょうか。

しかし、**本来、ものは使ってこそ使命が果たされるので、とことん使い倒すのが正しい向き合い方**です。

大事にしすぎて使い勝手が悪くなってしまったり、しまい込んで出番がなければ、その価値を発揮できなくなってしまいます。

人が誰も住んでいない家や廃墟になった建物は、劣化が早いと感じませんか。

もちろん、空気の流れが悪く、湿気が溜まるなどの物理的な原因もあるでしょうが、一番大きな理由は人の「気」にあると思っています。

それは日常、お花や観葉植物などに愛情を注いだり、ものをお手入れしたりすると、そのもの自体が喜んでいることを感じるのと、何より長持ちすることを実感しているからです。

そう考えると、家も「掃除しなくちゃ」と義務的にするよりは、自分が心地良くいられる場所として愛情を持って接していれば、いつもきれいで長持ちするのではないかと感じています。

一生ものもこれとよく似ています。

使えば使うほど持ち主との関係に馴染んで、経年変化でどんどん魅力を増していきます。ただし、それはいつも傍にいて苦楽を共にしながら、愛情を持ってたくさん使い込んでこそ。

使い込まれてついた傷は、ものにとってはむしろ勲章。押し入れやクローゼットにしまい込んで、カビや虫喰いで劣化していくこととはまったく違います。

何十年も世代を超えて愛されてきたものは、そもそも丈夫に作られているので、あまり気を遣うこともありません。

ジェーン・バーキンが愛用していたバーキンは、どれくらい使い込めば、あれほどまでクタクタになるのだろうと思うほど。

私ももっとたくさん活用しようという気持ちになります。

壊れても破れても大丈夫 メンテナンスありきの安心感

YouTubeの視聴者の方に「バッグやジャケットなどのレザー製品はどうやってお手入れをしていますか」と聞かれることがありますが、実は、何もしていません。レザー製品にとって一番のお手入れ方法は、使ってあげることと、湿気に注意することです。

日本はヨーロッパに比べて湿度が高いので、クローゼットの奥にしまっておくことで、それが傷みの原因になってしまうこともあります。しまい込まず、風通しの良いところに出しておくことをおすすめします。

自分が本当に必要なものを必要な数だけ持つことで、使う頻度も高くなります。結果的に埃が溜まる暇もなく使うことになりますが、それが一番良いお手入れ方法だと思っています。

一生ものとはその名の通り、一生使えるものですが、とはいえ、絶対壊れないわけではありません。ただ、一流メゾンのアトリエには必ずメンテナンスの職人さんがいるので、いつでも直してもらえる安心感があります。

例えば、バッグの留め金の不具合などはもちろんですが、新品のような見た目に戻す加工や、逆に、購入時に新品を持つのが恥ずかしいという人のために、表面にダメージ加工を施すようなことも可能です。

バーバリーのコートも、基本的には外出先から帰ったらさっとブラシをかけて汚れを取る程度ですが、購入してから10年以上経っていることもあり、先日店舗に持参して、クリーニングとほつれのお直し、それに撥水加工もお願いしました。

とてもきれいになって返ってきましたが、今まで着込んできた証の「くたくた加減」はしっかり残っており、職人の技を感じました。

一生ものは、たくさん使って自分の手で育てながら、不具合が出てくれば、職人の技でメンテナンスしてもらえる。

そんな信頼感があるからこそ、良好な関係を築いていくこともできるのです。

消耗品のもの選びは命を活かし切れるかどうかがカギ

私が日々愛用している白シャツやデニム、フレアスカートなどは日常使いの消耗品です。値段が手頃ですぐ手に入れやすいため、あまり考えずに購入しがちですが、実は消耗品こそ、**素材や形、色や柄などにこだわり抜いて購入する**ことをおすすめします。

一生ものの場合、頻繁に愛用しても世代を超えて使えますが、消耗品は使えば使うほど劣化が早くなり、シャツであれば数年という短い寿命です。短い付き合いだからこそ、私にとっては、その間にどれだけ使い倒せるかが重要なのです。消耗品は、いくら安価であっても**使い切れる自信がなければ簡単に手を出したりはしません。**

使い切れるかどうかは使用頻度だけではなく、**それをどれだけ活用できるか**も、もの選びの基準のひとつです。

例えば、白シャツなら、家でも仕事でも着られるし、デニムにもフレアスカートにも合わせられます。

ワンピースなら、それ1枚で部屋着や仕事着にもなるし、ホームパーティーやレストランにも着ていけるなど、活躍の幅が広がるアイテムには高いアドバンテージがあります。

もちろん、**自分が着ていて心地良いか、気分が上がるか、気持ちがプラスに働くかも大きなポイント**です。

一生ものも消耗品も、自分の身の回りにあるものはすべて、自分に幸せを与えてくれるものたちです。自分が厳選して選び取ってきたものだからこそ、最後まで愛情を持って使い切る自信もあります。

とはいえ、残念ながら実はそういかなかったものもあります。

私はお化粧に興味がなく、ファンデーションも苦手。今は本当にいろいろな種類のメイクグッズがありますが、正直、何をどう使っていいのかわかりません。

ただ、美しくなること自体に関心がないわけではないので、ふだんは使わないようなアイシャドウに手を出してみたこともありました。

しかし、それを使うことでどうなりたいのか、自分の中で目的が明確ではないのに、使いこなせるわけはありません。結局、謳い文句につられて買ったアイテムも期待通りの活躍はしてくれませんでした。

今では日焼け止め、アイブロウ、マスカラ、口紅、さらに口紅をチークとしても活用するだけのシンプルメイクに落ち着きました。

ものは明確な目的やイメージがあって、使いこなせる持ち主がいてこそ、もの本来の役割を果たしてくれます。

そのことがわかってからは、「自分センサーが働かないものには手を出さない」と心に誓っています。

こうして見ると、消耗品を選ぶのは、一生ものを選ぶことより難易度が高いかもしれません。それは、消耗品選びが他人を参考にできないからです。

消耗品は私のキッチングッズのように、「他人には便利だけれど、私には便利ではない」というもので溢れていて、「自分にも使えそう」と安易に手を出しやすいという環境があります。安価なだけに、「これでいいかな」と妥協するのも簡単です。

一生ものも消耗品も、「使い切れるかどうか」を考えるのは大前提ですが、「自分がどう使いたいか」で選ぶものはまったく変わってきます。

一生ものの高級品はそう簡単に手に入れることはできませんが、その分「いつか必ず手にするぞ！」と将来、持っている自分をイメージすることで、余計な買い物を防ぐことができます。

この、将来を見据えて選ぶ一生ものと違い、**消耗品は「今」本当に必要なものを選ぶことが**、無駄な買い物を避けるために、とても重要なのです。

短い付き合いの間にどれだけ使えるかが試される消耗品こそ、他人を参考にすることなく、自分が本当に必要なものをとことん考え、妥協せず、選んで欲しいと思います。

安易に買わない
欲しいものとは出合い待ち

長い間、同じアイテムを着ていると、白シャツの中でも素材感、襟のデザイン、フレアスカートなら、長さや、裾のボリュームなど、細かい好みが出てきます。

私は欲しいものがはっきりしているうえに頑固者。

一生ものではない**消耗品こそ、自分のこだわりをとことん追求して、条件が合わなければ出合えるまで待つ**ことにしています。

「こういうスカートが欲しい」という明確な形があるのに、それを見つけられずに**「これでいいや」と選んでしまうと、自分の人生も、「これでいいや」と思えてしまうから**です。

私がまだ10代だった頃、ＳＦアニメの『銀河鉄道９９９』に出てくるメーテルが着ているようなコートが欲しくて、ずいぶん探し回ったことがありました。

でも、そこはアニメの世界観ですから、そうそう同じようなものが見つかるわけもありません。

そこで、「無いなら作ってしまおう！」と思い立ったのです。決して裁縫が得意だったわけではありません。ただ、メーテルが着ているようなコートがどうしても欲しい！　その一心です。

裁縫知識が無いにもかかわらず、自己流で型紙から作り、何と集中して2日ほどで縫い上げました。我ながらすごい執念です（笑）。

自分で「こういうものが欲しい」とイメージしたら最後、そのイメージ通りのものでなければ妥協ができないのです。

そして、私のワードローブに欠かせないフレアスカートも先日ついに、オリジナルで作ってしまいました。それまで着ていたものはかなり着古していて「そろそろ代替えを」と思ってはいたのですが、長年探してもなかなか「これだ」というものに出合えませんでした。

私のワードローブに欠かせないアイテムだからこそ、買い替えるたびに、次回購入するときの素材やデザインは……とイメージしていたからです。

そこで、素敵なご縁に恵まれて、「Ｂｏｎ Ｖｏｙａｇｅ！（ボン・ボヤージュ）」というオリジナルブランドを作ったのを機に、ずっと探し求めていたフレアスカートを作れないかとチームで相談し、生地や縫製など専門家の方にお願いして、細部までこだわったフレアスカートを製作しました。

それが今、我が家のクローゼットにあるフレアスカートです。

きちんとした縫製、タックの太さなど、きれいに見えるように計算されていて、素材も環境に良いものを選んだ、私のイメージ通りのスカートです。

自作のコートはかなり極端な例ですが、ものを手にするときにはそのくらい自分なりのこだわりを持って選びたいと、常に思っています。

オールシーズン全22着
少ないワードローブの作り方

ワードローブには、白シャツにフレアスカート、ジャケット、ジーンズ、ワンピースなど、現在22アイテムあり、衣替えもせずオールシーズン着ています。

これに、長年愛用しているバッグや靴、小物類を合わせるのが定番です。

私のワードローブは基本的に、時代や年齢を問わないベーシックなアイテムばかり。特にコートやレザージャケットは、歳を重ねても着ることができるデザインを選んでいます。

自分が好きなスタイルや着心地の良いものを選んだ結果、このラインナップになりましたが、その人のライフスタイルによってワードローブのアイテムは変わります。

ライフスタイルに合った定番を作ることで、自分のスタイルが確立するのはもちろん、よりこなれた着こなしもできるようになります。

ベーシックなアイテムであれば、プライベートや仕事、出張にピクニックなど、いろいろなシーンで使い回しできるのもいいところです。

少ないアイテムで過ごすために必要なのは、用途をたくさん見つけることです。ひとつで何通りもの活躍をしてくれるので、持っているアイテムが少なくても不便はまったくありません。

アイテムが少ないのでコートなどの防寒着以外は基本、**オールシーズン着用できるもの**を揃えています。

白シャツやブラウス、ジーンズは季節を問わないので一年中愛用しています。冬でも厚着が苦手なので、寒い日はシャツの下にヒートテックなど暖かい素材の肌着で調整。

トレンチコートも、カシミア＆ウール製のライナーがあるので、夏以外の3シーズン活躍してくれます。

そしてもうひとつ。**お手入れが簡単なアイテムを選ぶこと**も、少ないワードローブ作りに一役買ってくれます。

洗濯機で洗えない服や、毎回アイロンをかけないと着られないような服は、手間がかかる分、結果的に着る回数も減ってしまいます。

私の場合、アイロンがけが好きなので苦にはなりませんが、そうしたことが苦手であれば、避けておいた方が無難です。

厳選した名品だけを並べたい少ないワードローブのメリット

アイテム数を絞っているのは、自分が必要なものだけに厳選していることはもちろんですが、**持ちものを増やして自分が振り回されないため**でもあります。

ものが多いと管理するのが大変なので、把握できる量しか持ちません。なぜなら、私は収納が大の苦手だからです。

服を畳んできれいに並べたり、揃えるのが苦手なので、たくさんものを持っていたら、きっと引き出しの中にぎゅうぎゅうに押し込んでしまうことでしょう。

そのため、ジーンズとリネンパンツ以外、私のワードローブは一年中、すべてハンガーにかけられています。

アイテムを絞ることでひとつの服を着る頻度も高くなるため、寿命をまっとうするまで使い切ることもできます。

例えば、シャツは着ている回数分だけ洗濯するので、どうしても劣化が早くなります。しかし、いくらお気に入りであっても、シャツは消耗品です。汚れたり劣化を気にするよりもたくさん着て、全体的に劣化してきたなと思ったら、潔くリサイクルに出したり、ウエスにしたりします。

ワードローブには自分の定番があるので、とことんまで使い切ったアイテムは、買い替えをしながら、維持しています。

新しく購入するときも、基本的には同じアイテムと差し替えます。

白シャツを1枚手放したら、新しい白シャツと差し替える、という感じです。

同じ白シャツであってもブランドや素材、デザインが違うだけで雰囲気も変わり、今までとはまた違った雰囲気を楽しむことができます。

ワードローブのバリエーションは固定のままで、同じアイテムを差し替えるだけなので、ものをむやみに増やさずに済みます。手持ちのアイテムとの相性も良いので、失敗もしにくく、無駄にすることもありません。

以前のものと比べて、より細部にこだわって選べるのもいいところです。

さらに、同じアイテムを長年着ているので、着こなしも上手くなっているのでは？と期待しています。

私のワードローブ（現在22着）

● **アウター**（3着）
ウール・カシミヤコート（フェラガモ）
トレンチコート（バーバリー）
ダウンコート（モンクレール）

● **ジャケット**（7着）
テーラードジャケット（カオス）
デニムジャケット（無印良品）
コーデュロイジャケット（ユニクロ）
レザージャケット3着
（マックスマーラ、
他2着は母のお下がり）
アウトドアジャケット（パタゴニア）

● **トップス**（5着）
シルクブラウス（モノプリ）
ボウタイブラウス（シンメ）
白シャツ3枚
（コントワー・デ・コトニエ、
アドーア、モノプリ）

● **ボトムス**（4着）
ジーンズ（ユニクロ）
リネンパンツ（無印良品）
ホワイトパンツ（セオリー）
フレアスカート（ボン・ボヤージュ）

● **ワンピース**（3着）
フラワープリント2枚
（モノプリ、ユニクロ）
ブラックドレス
（エストネーション）

MY BASIC STYLE 白シャツを愛用する理由とお手入れ法

白シャツは昔から好きなアイテムですが、毎日着用するようになったのは40代になってからです。

40歳で出産をして、40代は仕事をしながらの家事育児。美容も疎かになってしまいましたが、せめて清潔感だけは持っていたい。そのような想いから白シャツの力を借りるようになりました。

家でシャツを着るときは袖をまくることが多いのですが、しっかりした素材だとゴワゴワしてしまうので 薄手のものがふだん使いにはちょうどいい。

世の中にはたくさんの白シャツがありますが、安価でも着心地が良い素材とそうではない素材があるので 必ず手にとって確かめるようにしています。

現在愛用している白シャツは全部で3枚。

最近、フランスのスーパー、モノプリで新しく買い替えた白シャツはシンプルなノーカラーシャツ。ノーカラーシャツはその名の通り、襟のないシャツです。このタイプは私にとって一番着やすく、部屋着としても外出着としても愛用しています。

2枚目は、数年前にコントワー・デ・コトニエで購入したフリルシャツ。

襟と袖口にフリルが付いているのですが、甘すぎず、全体に程良く可愛さをプラスすることができます。

最後の1枚は、昨年購入したアドーアの白シャツで、袖がフレアになっている今まで持っていなかったタイプのものです。

単に白シャツといっても種類が豊富なので、自分に合ったデザインを選んだり、好みの着こなしができます。

さらに、白シャツは汚れが目立ちやすいと敬遠されがちですが、実は一番コスパの良いアイテム。

色ものは色褪せたり、染み抜きが難しいですが、白は汚れても白くすることが簡単です。

白シャツがきれいになると心まで気持ちがいい!

仕上げは大好きなアイロンがけです。真っ白でアイロンがかかっているシャツの魅力は何といっても清潔感。長年毎日アイロンがけをしている割には、特にコツもテクニックもなく、しかも性格上あまり細かいところまでは気にしませんが、シャツ選びもアイロンがけも自分の「ちょうどいい」がベストだと思っています。

シャツの白さを保つためのお手入れ

●通常の白シャツ洗い

コットンシャツであれば、基本的には通常の洗濯洗剤で洗えますが、オーガニックなど、ナチュラルな素材を使っている場合は、自然や環境に優しい洗剤を使うことをおすすめします。

●不定期のつけ置き洗い

白シャツはしばらくすると少し黄ばんできたり、襟の汚れが洗濯機では落ちなくなってくるので、不定期でつけ置き洗いもしています。

【用意するもの】
・お湯（手で触れる40℃くらい、2～2・5ℓ程度）
・琺瑯《ほうろう》バケツ
・「シャボン玉スノール（洗濯用粉石けん）」　小さじ1程度
・過炭酸ナトリウム　小さじ1程度

①バケツのお湯に、2つの洗剤を合わせてシャツをつけ置きします。
②15～30分ほどつけ置きしたら、水道水で軽くすすぎ洗いします。
（過炭酸ナトリウムは酸素系漂白剤なので、色柄物の洗濯にも使うことができます）
③仕上げに洗濯機ですすぎと脱水のみ行います。
※手が荒れやすい方はゴム手袋などをしてください。
※シルク・ウールが入った生地には使用できません。

似合う、似合わないより心地良いかどうかが大事

服を選ぶとき、「似合う、似合わない」を考えるのは、わかりやすい判断基準のひとつでしょう。

私の中の似合う、似合わないの基準は、周りからの評価や流行ではなく、自分が心地良く着られるかどうかです。

楽なことと心地が良いことは似ているようで少し違っていて、心地が良いというのは、今の自分と相性が良いという証拠なのだと思います。

そして、どんなアイテムも似合わないと決めつけずに、**好きであれば自分に合うものを探せばいいのです。**

ベーシックなものこそ、いろいろなバリエーションがあるので、きっと似合うものが見つかります。

例えばシャツなら襟や袖、身頃の形、生地の種類や厚さなど、ディテールの違いで必ず自分に合うもの、理想の形があるはずです。

私は、デニムジャケットが昔から大好きだったのですが、実は長年、手に入れることができませんでした。どのデニムジャケットを試着しても野暮ったくなってしまうのです。これも長い間、理想の形との出合いを待ち続けたのですが、数年前、ようやく「これだ！」というものに出合えました。

現在も愛用するデニムジャケットは無印良品のものです。綿96％に4％のポリウレタンが入っていて、ストレッチが効いて着やすく、ラインもきれいです。デニムジャケットは着古した方が個人的に素敵だと感じているので、袖や裾がボロボロになるのを今から楽しみにしています。

また、似合わないもの、似合わなくなってしまったものは、似合うようにお直しするという手もあります。

以前、襟の付いているレザージャケットを母から譲り受けたのですが、襟付きだと私には似合わないのと、自分の好きな着こなしができないので、お直し屋さんに出して、襟をはずしてリメイクしました。

おかげで無駄にすることなく、フリルシャツやワンピースと合わせたりして、20年以上愛用しています。

いくら自分基準で選んだものでも、ライフスタイルや体形の変化で似合わなくなることもあります。そういうときは残念ですが、思い切って手放します。

心の中では似合わないと思っているのに、もったいないからと着続けることは、ものにも失礼だと感じてしまうし、何より自分の気持ちも下がってしまいます。

手放すことやその基準については、第5章でまた詳しくご紹介します。

私のスタイルを作っている決めすぎない「抜け感」

考え方やスタイルの好みは学生時代からあまり変わっていませんが、当時からいつも「決めすぎている感」があまり好きにはなれませんでした。

それが、渡欧してフランス人の「エフォートレス」なスタイルを見て、白シャツのカジュアルな着方や、デニムとジャケットを合わせた崩しすぎない抜け感にすっかり魅了されたのです。

おかげで今では私も、トレンチコートに開襟シャツや、くしゃっとした生地のシャツを合わせて、その抜け感を楽しめるようになりました。

このように、**個人のスタイルを決めるのは、ほんのちょっとした好みやこだわり**です。

フランス人が自分のスタイルを持っているように、ワードローブの選び方やそれらをどう着こなすかが、自分らしさを醸し出してくれるのだと思います。

使い倒して、一体となるブランドが前に出ない装いを目指して

フランスの街で「素敵だな」と感じる人は、着ているアイテムの一つひとつは本当にシンプルなＴシャツだったり、デニムだったりするのに、その人にとても似合って見えるのです。

それは、きっと着慣れているからです。

公園で出会ったマダムも同じです。白いスーツを着て、高級品と言われるバーキンを身につけているのに場違いな感じがしなかったのは、おそらくふだんからそのスタイルで過ごしているからなのだと思います。

話は少し遡りますが、私は学生時代、就活指導の先生に「週に1回はスーツを着なさい」と言われたことがあります。

その理由は「面接のときに、自分の魅力を最大限に発揮できるように」するためでした。

要するに、みんな同じようなリクルートスーツを着ていても、**着慣れていなければ、初対面の人に自分の魅力が伝えられない**ということです。

そのときはまだ学生だったこともあり、正直、あまり深くは考えていなかったのですが、当時、アメカジの影響で紺ブレ（紺のブレザー）など、カジュアルに着られるジャケットが多かったことから、ファッションを楽しむ感覚でスーツの代わりにジャケットを着るようになりました。

すると確かに、ジャケットを着ていれば学生でもきちんとした感じに見えるし、ジーンズにもスカートにも合わせられます。

それに、もともと小綺麗でいたい、という願望を持っていたので、これをきっかけにジャケットが私のワードローブの定番になっていきました。

私が「欲しいもののリスト」に入れていたグローブ・トロッターのスーツケースを購入したときも、その先生の話を思い出しました。

買ったばかりのグローブ・トロッターは「いかにも新品です」という佇まいで、クラシックな街並みの中、真新しい旅行カバンを持っているのは、おのぼりさんのようで恥ずかしかったのを覚えています。

「とにかく早く汚したい」と思っていました。

お店の人の話だと、私と同じように「新品は恥ずかしい」と思う人がたくさんいるようです。そして、そんな人のために、「使い込んだようなダメージ加工」をされる方もいるとおっしゃっていました。

バーバリーのトレンチコートはトラディショナルな王道としてのオーラがあり、それを1枚着るだけで着る人の品格を上げてくれます。

ただし、これも着慣れなければしっかりした生地のお堅い表情のまま、いつまでたってもコートに「着られている」感じは否めません。

手に入れたトレンチコートに向き合いながら10年以上が経ちましたが、お互いにわかり合えるようになるほど着倒し、長い間の経年変化を共にして、ようやくその表情を和らげ、着姿もこなれてきた気がしています。

どんなシーンにも使えるシャネルのマトラッセも、持ちはじめたときは真新しい姿にドキドキしました。

ブランドバッグのロゴだけが目立ち、単に「ブランドを持っている人」に見られてしまうのは、まだブランドの足元にも及ばず、ものとの付き合いが未熟だから。

だからこそ、ブランドの持つオーラに負けないようにと、長い年月を共に過ごしてきたので、傷や汚れができるたび、そろそろ追いついてきたかな、という気持ちにさせてくれるのです。

私が素敵だと思うのは、**ブランドが全面に出るのではなく、使い込まれたもの、こなれたものが、その人と一体感のあるスタイルになること**です。

そのために、とことん愛情を注いでいきたいと思っています。

第4章

心が満たされる「欲しいものリスト」の作り方

自分の一番を詰め込んだ私の「欲しいものリスト」

私が憧れる人生のゴールは、「楽しかった人生を回想しながら往生するおばあちゃん」。子どもの頃から、いろいろな経験をしたい、知らない場所にも行ってみたい。ずっとそう思っていました。

学生の頃から「海外に出たい」と思っていた私は、卒業してすぐ欧州で就職が決まり、そのおかげでフランス文化に出合うことができたのです。

そんな中、パリの公園でマダムと出会い、「私が求めていたのはこれだ」と、**自分の将来設計を具現化した「欲しいものリスト」**を作成することにしました。

「欲しいものリスト」は、スクラップブックのようなもので、私にとって**「将来こうなりたい」「こういう生活をしてみたい」という自分のイメージの象徴。**

30代で作りはじめたときに参考にしたのは、年相応の雑誌ではなく、年上の女性を対象にした雑誌でした。

そこから、将来的に自分がなりたいイメージとピッタリ合うファッションスナップやアイテムの写真を切り貼りしながら「実際にこれを身につけている自分」の姿を想像するのです。

「欲しいものリスト」には、「ショルダーバッグならマトラッセ」「大きめのバッグならバーキン35」「スーツケースならグローブ・トロッター」というように、それぞれのカテゴリで自分の一番を詰め込みました。

リストに挙げたのは、ブランドの一生ものだけではありません。

私の定番アイテムであるテーラードジャケットも、ラインナップに入れていました。

テーラードジャケットに関しては、ブランドなどは明確に決めず、40代以降仕事にもプライベートにも自信を持って着られるよう、素材、縫製、体型に合ったシルエットなど、質の良いものが1枚欲しいという思いがありました。

このように、なぜそれが欲しいのか、理由を明確にし、手にした後の自分をイメージしながら、10年余りをかけて、欲しいものをすべて手にすることができました。

これも、このリストがあったおかげだと思っています。

「これを手に入れるために」と無駄遣いも抑えられ、いつも視界に入れることで、自分の理想が明確になります。「他のもので代用しよう」という浮気心も起きません。

なぜなら、代用品では決して心が満たされないことに気付くからです。

「欲しいものリスト」はこれからご紹介する方法で簡単にできますので、みなさんも作ってみてください。

「欲しいものリスト」を作る意味①
本当の価値は作成のプロセスにある

「欲しいものリスト」は、単に欲しいものを手に入れるための手段だけではありません。**今までの自分を振り返って「将来こうなりたい」というゴールを見据え、そのために自分を引き上げてくれる味方を選ぶ助けになります。**

大切なのは、リストを作る際に自分がなりたいイメージを視覚化すること。そして、作成した「欲しいものリスト」をモチベーションアップに活用することです。

そうやって将来をイメージしながら厳選していったものを手にしたおかげで、私が20代の頃に思い描いていた理想の人生を送ることができています。

「欲しいものリスト」を作る意味②
私の場合

そもそも「欲しいものリスト」は、何かの決意を胸に作ったわけではありません。自分の人生の先に欲しいものがあって、それを持った自分を想像するためのモチベーションとして、目に見える形にしたのが「欲しいものリスト」です。

20代前半に海外の文化や価値観に大きな影響を受け、20代後半にはこれから先の人生について漠然と考えはじめました。その頃から自分のなりたいイメージが明確になってきたのです。

30代前半に、結婚や仕事との向き合い方など、具体的なライフプランを描くようになり、それに合わせて「欲しいものリスト」作りをはじめました。

40代からは、それらのものを使いこなすことを想定して、30代前半、リストの中で最初に手にしたのがシャネルのマトラッセでした。

30代はすでにいろいろな経験を積んできたということもあり、自分を上に引き上げるタイミングだなと感じたからです。

このように「自分にはまだ少し早い」と思うものを身につけることで、ものが自分を引き上げてくれます。さらに、使い続けていれば年齢を重ねるたびに使いこなせるようになっているはず。

使い続けてきたアイテムたちもすでに10年以上の付き合いとなり、ようやく親友のように気心が知れる関係になってきた気がします。

とはいえ、まだまだ未熟なので、これからもものから学ぶことはたくさんあります。

あと10年、20年一緒にいたらどのくらい親密になれるか、どこまで自分が成長できるのかが楽しみです。

Katieの
「欲しいものリスト」
ラインナップ

- シャネルのマトラッセ 25cm
- バーバリーのトレンチコート
- クリスチャン ルブタンのパンプス
- テーラードジャケット
- グローブ・トロッターのスーツケース
- エルメスのバーキン 35

「欲しいものリスト」の事前準備①
ものやブランドの背景や思いを知る

名品の中でも一生ものは、そのブランドの持つ長い歴史や高い技術から生み出されたものです。

それを所有したいと思ったときに、単に高級品だから、有名だから、ステイタスだから、ではなく、その**ブランドへのリスペクトを持つことも大切**だと思っています。

一流メゾンの製品が高価な理由は、高品質な素材を使用し、高度な技術によって製品の耐久性が高く、美しく優れた仕上がりが保証されているからです。

また、そのブランドが誕生した歴史や背景を知ることで、本質に触れることもできます。

それは手にする人にとって大切なことだと思うのです。

例えば、バーバリーのトレンチコートの誕生は今から100年以上も昔の第一次世界大戦中。創設者トーマス・バーバリーが発明した画期的なコットンギャバジン素材は、大戦中に兵士を守る目的で作られました。

戦場での使用を想定して作られているので耐久性や機能性が高く、丈夫で長持ちするのも納得です。

そうした背景があった上で、年齢も性別も流行も超える、究極のタイムレスなデザインだったことから、「欲しいものリスト」に加えました。

少し話は逸れますが、ヨーロッパはオーガニック認証が厳しいことで知られています。

これは、農薬を使わないという品質保証の他に、綿花の摘み取りのため低賃金で働かされている子どもたちの児童労働を防止するための手段でもあります。

そして、その根底にあるのが、「購入者も作り手も幸せになる」関係性を重んじる精神です。

ここでお伝えしたいのは、すべてをストイックに「オーガニックに置き換える方がいい」ということではありません。

大切なのは、ものを選ぶときに、その**背景を知っていれば、より「厳選して選ぼう」という気持ちになる**ということです。

そう考えていくと割と選択肢は絞られてくるため、余計なものは買わなくなります。

ものを選ぶ理由やきっかけは人それぞれですが、歴史や背景に触れることでそのブランドがますます好きになるかもしれません。

また、バーキンを持っているマダムに公園で出会ったときのように、誰かがきっかけになるかもしれません。

このように、少し視点を変えてみると、ものをひとつ選ぶときにもストーリーが加わり、より愛着が湧いてきます。

もの選びに悩んだときは、いろいろな角度から眺めてみると、また違った価値を見出せるかもしれません。

「欲しいものリスト」の事前準備②
審美眼を養う

良いものには、必ず理由があります。

そして、良いものを見極めるには、ある程度の審美眼も必要で、それには本物を見る、本物に触れるのが一番です。

例えば、美術館へ足を運び、本物の芸術に触れる機会を作ってみる。

難しいことは考えず、「なぜか心惹かれる絵だな」「ほっとする作品だな」と見ていくうちに、いつの間にか本物を見極める感性が磨かれているはずです。

また、旅先で立ち寄った場所で本物の芸術に触れることで、今まで気がつかなかった「自分の好き」に出合えるかもしれません。

私は旅に出た際、無理にスケジュールを詰め込むことはしませんが、時間があるときには近くの美術館に立ち寄ることがあります。

以前、長野県の小布施に家族旅行へ行ったとき、葛飾北斎のゆかりの地ということもあり、「北斎館」へ足を運んだことがありました。

葛飾北斎は、フランスで活躍した芸術家たちに大きな影響を与えており、現代でも人気のある浮世絵師ですが、私自身は正直、あまりよく知りませんでした。

しかし、「北斎館」で目にした作品の「青」に惹かれ、そのときにはじめて「北斎ブルー」という言葉を知ったのです。

そこから葛飾北斎の色使い、世界観に魅了され、昨年末には、ホテルの全客室に葛飾北斎の木版画『北斎漫画』が展示されている「ポルトムインターナショナル北海道」に宿泊しました。

美術や芸術の知識はまったくありませんが、だからこそ、頭の中を空っぽにして、心のままに芸術に触れる機会を作っています。

もっと身近なところで審美眼を養うのであれば、お花がおすすめです。

特に生花からは自然界の色彩の美しさが感じられ、生きているエネルギーをもらうことができます。

お花から感性が磨かれる感覚を大切にしているので、私はいつでもお花を欠かしたことがありません。

お花を飾り、毎日触れていると、そのうちに**「良いものには理由がある」ことがわかってきます。**

人の内面や感情は、目に映る物質の色や光、形によって大きく左右されるそうです。人が作り出す芸術品も素晴らしいですが、花は凛として存在自体が美しい。

それが審美眼や美的感覚を養うことにつながると思っています。

ヨーロッパの人たちは、芸術に触れる機会が日常生活に溢れているので、そうした目も自然と養われているのだと感じています。そしてその中から、自分の価値観に合ったもの、自分の人生に必要なものを選び取っているのです。

私たちも、**良いもの、そして自分にとって価値あるものを選び取るために、ふだんから見る目を養う行動を意識してみる**といいかもしれません。

「欲しいものリスト」の事前準備③
旅の目的地を考える

本書でも、フランス人の旅と人生の関係について触れましたが、「欲しいものリスト」のアイテム選びもこれと同じです。

みなさんは旅のプランを立てるとき、どのようなアイテムを持参しますか？

それは目的地によって変わってくるのではないでしょうか。

例えば、フランスに行くのとハワイに行くのとでは、旅先に持っていくものが違ってきます。

人生もまさにこれと同じです。

「どんなライフスタイルを過ごしたいか」は旅の目的であり、その目的によってスーツケースに詰めるアイテムも変わってくるはずです。

自分がなりたいイメージやライフスタイルは、まさに人生という「理想の旅」。

そこに向かっていくためには、正しいアイテム選びが必要不可欠です。

例えば私の場合、スカートやパンツ、ジーンズに上質なテーラードジャケットを合わせることで「いつもかっこいいイメージでありたい」という思いがありました。生地や仕立ての良い服は、他の服をも引き上げてくれる効果があるからです。

アイテム選びに大切なのは、自分のなりたいイメージの要《かなめ》です。私の場合、それが「テーラードジャケット」でした。

この、イメージの要になるものが、自分にとって投資する価値があるものです。

そして、そこにお金をかけることで、すべてが高価でなくても自分自身を一段引き上げてくれる効果が期待できます。

一生ものには人を導く力があり、持っているだけで、持ち主のモチベーションを上げてくれます。

一流品はそう簡単に手に入るものではありませんが、それらを手にするために努力して最終的に手にしたとき、自信というオーラをまとうことができます。

「欲しいものリスト」のものたちは、それほどの力を持っているのです。

「欲しいものリスト」を作る前にはまず、「この先、どのように生きていきたいのか」を明確にし、そのために必要なものは何なのかを見極めることです。

今の自分に必要なものだけを選んでしまうと、将来の自分には必要のないもの、不似合いなものになってしまうかもしれません。

「欲しいものリスト」の事前準備④
心の棚卸しと好きを掘り下げる

本書でも私のベーシックスタイルをご紹介していますが、ワードローブは学生時代からほとんど変わっていません。

アイテムは同じでも、シルエットや素材など、年齢を重ねるたびに似合うものも変わり、自分自身の変化によって着こなし方は変わってきますが、私の場合、自分のスタイルがこの先、脱線することもないとわかっていたので、「欲しいものリスト」を作るときにもラインナップに迷うことはありませんでした。

もし、自分のスタイルに迷いがあるなら、「欲しいものリスト」を作るとき、今持っている自分の持ちものを一度、全部見直してみることです。

身につけることで自分がどう感じるか、一つひとつのものと向き合ってみてください。

身につけると自信が湧いてくるもの、明るい気持ちになるもの、幸せな気持ちになるものなど、決して他人基準ではなく、自分の心がポジティブに動くかが大切です。

それにより、自分のなりたいイメージが明確になり、これからの人生に必要なものが、見えてくるのではないでしょうか。


もし、「好きなものがわからない」という人は、雑誌やネットなどの画像から、「自分がなりたいイメージ」を集めてみるのもひとつの方法です。

今ならインスタグラムなど、ＳＮＳで気に入った画像を保存したり、「ピンタレスト」を活用するのもおすすめです。

自分の「好き」に気付かなかったのは、今まで、そこに目を向けていなかっただけ。自分の中からアウトプットされた**「好きなもの」や「なりたいイメージ」を俯瞰してみると、そこには必ず統一感が生まれ、共通項が見つかるはず**です。


「欲しいものリスト」は私にとって、理想の人生に近づくためのモチベーション。

決して、自分が本当に欲しいものを手にするまで、我慢するための手段ではなく、楽しみながら目的を達成するための方法なのです。

「欲しいものリスト」の作成〜活用までのステップ

ここまで私の「欲しいものリスト」について触れてきましたが、ここからは実際の作り方についてご紹介します。といっても、前述の準備で自分の中の棚卸しができていれば、作り方はごく簡単です。まずは、リストを作るステップから見ていきましょう。

「欲しいものリスト」作成〜活用のステップ

作り方 1
人生プランをイメージ
P.167 〜

作り方 2
欲しいもの選び
P.169 〜

作り方 3
写真や画像を集める
P.170 〜

作り方 4
「欲しいものリスト」作成
P.172 〜

活用法 1
いつも傍に置いて眺める P.174 〜

活用法 2
欲しいものを手に入れていく P.175 〜

活用法 3
理想の人生プランを謳歌する P.177 〜

「欲しいものリスト」の作り方①
人生プランをイメージする

これまで何度か触れてきましたが、**「欲しいものリスト」を作るにはまず、「将来なりたい自分」を考えることが大前提**です。

「上質なジャケットを仕事でもカジュアルな場面でも粋に着こなしたい」「おばあちゃんになっても派手な柄を着続けたい！」など、自分の理想の将来をできるだけ具体的にイメージしてみてください。

このとき、着ている服をイメージするだけではなく、どのような環境で、どのようなライフスタイルを送っているのか、なりたい自分を具体的に想像することがポイントです。

と言っても難しく考える必要はありません。

単に「妄想」を楽しむだけ。

私が「欲しいものリスト」を作った頃、妄想していたのは40代の自分の姿。

仕立ての良いテーラードジャケットとジーンズ、足元はルブタンのハイヒールを履き、アウターはバーバリーのトレンチコート、手にはグローブ・トロッターを持って日本とフランスを行き来する生活を妄想していました。

自分の理想とする姿でパリのシャルル・ド・ゴール空港に降り立つ姿や、オープンカフェでコーヒーを飲むイメージまで具体的に。

このゴール設定が明確であるほど、もの選びの基準も明確になります。

妄想するだけならお金もかからないですし、何より買い物をするときに「このアイテムはイメージした理想の姿ではない」と客観的に見ることができ、結果、余計なものを買わなくなります。

そして、自分がなりたいイメージでワクワクしながら妄想をすると、不思議と叶ってしまうのです！

私がおばあちゃんになってこの世を去るときも、「人生、楽しかった〜」と間違いなく妄想通りになっているはずです（笑）。

自分の理想を詰め込んで、素敵なライフプランを描きましょう。

「欲しいものリスト」の作り方②
欲しいもの選び

理想のライフプランと自分の普遍的な「好き」が見えてきたら、次はそれに見合ったものの選びです。

ここで注意したいのが、**「欲しいものリスト」のタイミングを考える**ことです。

私の場合、「ある程度経験を積んだ30代前半でマトラッセを持ちはじめ、40代、50代でたくさん使いこなす」と決めていました。これは、「マトラッセを持っても恥ずかしくない自分になりたい」と想定してのことです。

また、バーキンは30代の頃の私にはまだ使いこなせる自信もなく、何よりも当時は手にできる金額ではなかったので、「いつか」という気持ちで仕事に家事にと勤しんでいました。

すべてのものを同時に手にすることは難しいですが、中でも実現しやすいものから叶えていくと、その都度、達成感を味わうことができます。

「欲しいものリスト」の作り方③
写真や画像を集める

欲しいものが固まったら、実際のお目当ての商品の写真を探しましょう。

私がリストの作成に用いたのは、自分より10歳、20歳上のマダムが読むラグジュアリーな雑誌でした。

もちろん、欲しいものが明確に決まっていればインターネットで探してもOKです。

私の場合は雑誌から探していたので、全部の写真を集めるのには数か月では足らず、時間をかけてじっくり作っていきました。

雑誌を活用していた理由は、単にアイテムを揃えていく目的だけではなく、それを持つに相応しいライフスタイルを雑誌全体からイメージしていたからです。

切り抜きに使用する写真は、自分が欲しいと思うものと、色やサイズまで同じものです。

例えば、私が欲しいと思っていたスーツケースは、グローブ・トロッターのサファリシリーズだったので、その色や欲しいサイズの写真を見つけて紙に貼り付けます。

写真はバッグならバッグ、靴なら靴だけを切り抜きます。**「それを持った自分」を想像するには、余計な背景は邪魔になる**ので、すべてカットしておきましょう。

「欲しいもののリスト」の作り方④
「欲しいもののリスト」作成

【用意するもの】
- Ａ４のコピー用紙
- 欲しいものの画像や切り抜き
- Ａ４のクリアファイル

用意した写真を、紙に貼ります。

感覚的にはスクラップブックみたいなもので、「私が欲しい一生ものアイテム」という雑誌の特集のようなイメージです。

ひとつずつ写真を貼っていき、最終的に欲しいものの写真がすべて揃ったら完成です。

このように、**漠然と妄想していたことをアウトプットし、視覚化したことで、自分の本当の好みや、統一感も見えてきます。**

手に入れるためのモチベーションになったのはもちろん、将来的な自分を見つめるきっかけにもなりました。

私にとっては何よりも「ビジュアル化」したことが大きな意味を持っています。

今ならスマートフォンやパソコンに入れたり、手帳に貼ったりしてもいいかもしれません。

ぜひ、毎日見られる環境にしておくことをおすすめします。

「欲しいものリスト」の活用法①
いつも傍に置いて眺める

Ａ４用紙に欲しいものをペタペタ貼った「欲しいものリスト」はクリアファイルに入れ、雑誌を見るような感覚でよく眺めていました。

欲しいものすべてを1枚にしたことで、**自分の理想像＝欲しいものが全部手に入ったときのイメージが明確にできるようになりました。**

視覚的にアウトプットすることでわかりやすいモチベーションになるのはもちろんですが、他のものが欲しいとも思わなくなり、**眺めることで無駄遣いしないトレーニングにもなります。**

私は自分のモチベーションが上がることをとても大事にしており、このリストもその手段のひとつ。「欲しいものリスト」を作ることで、なりたい自分が視覚化され、必ず手に入れられると信じて楽しめるなら最高です。

みなさんにもこの楽しさをぜひ、体験していただけたらうれしいです。

「欲しいものリスト」の活用法②
欲しいものを手に入れていく

「欲しいものリスト」を眺めながら、「そろそろこれを持つタイミングかな?」と思ったら、後は出合いを待つだけです。ものとの出合いにもタイミングがあります。

例えば私の場合、仕事で大きなプロジェクトを任されたときに、「欲しいものリスト」に入れていた上質なテーラードジャケットを仕立てました。

「欲しいものリスト」を作り、ひとつずつ欲しいものを手に入れて、40代で購入したバーキンを最後に、リストの欲しいものはすべて手に入れることができました。

長い時間をかけて手に入れてからは、他に欲しいものも、手に入れて失敗したと思うものもありません。

とはいえ、「欲しいものリスト」を作りはじめ、すべてを手に入れるまでの10年間には、他のものを見て「これ、素敵だな」と思ったこともありました。

しかし、そのたびにいつも「欲しいものリスト」を眺めては、「いや、それは私にとってのベストじゃない」という思いに引き戻されて、結果的にリストアップしたすべてのものを手に入れることができたのだと思います。

何より、「欲しいものリスト」をひとつずつ手に入れることができて、達成感や自信にもなりました。

「欲しいものリスト」の活用法③
理想の人生プランを謳歌する

欲しいものを手に入れたら、後はとことん使い倒すだけ。


せっかく長期計画で手に入れた一生ものも、使わなければ何の価値もありません。

いつも身につけていれば気持ちは上がり、持ち主をどんどん格上げして成長させてくれます。

知り合ったばかりの頃はよそよそしいかもしれませんが、だんだんと関係性を深めて、そのうち最強の頼れる相棒にもなってくれるでしょう。

「欲しいものリスト」で手に入れたものたちは、将来なりたい自分に向かっていくための投資です。そして、「欲しいものリスト」は、自分の羅針盤になってくれます。

第5章

名品と共に素敵に歳を重ねる

汚れや傷がつくことを恐れないものを大切にする本当の意味

私がＹｏｕＴｕｂｅで発信しはじめて、ものに対する意識の違いで驚いたことは、もの、特に一生ものといわれる名品を「大切にする」ということの意味でした。日頃から、「汚れや傷が気になりませんか」というご質問をよくいただいていたからです。

私たちは、歳を重ねながらいろいろな経験を経て、生きてきた証としてシミやシワが刻まれ、それなりの風格をまとっていきます。一生ものも同じで、使っていくうちに傷はつきますが、**どんどん表情を変えていく経年変化も魅力のひとつ**となります。

ものは使われなければ価値がありません。一生ものと言われる名品は作りが丈夫で**気を遣わずに使うことができるので、**大切に思っているならなおのこと、**いつも使って愛情を注いであげつつ、通気性の良いところに出しっぱなしにした方が長持ちもします。**

エルメスのロゴになっている馬車には人が乗っていません。そこに込められているのは「持ち主が主人である」というメッセージ。エルメスの作品は馬車であり、従者は職人を表しています。

つまり、ものに気を遣ったり、大切にしまい込んだりして、ものが主人になってはいけない、ということ。ものは使いこなしてあげてこそ、活かすことができるのです。

一生ものはそれを手にすることがゴールではありません。傷がつかないように保管していることが大切なのではなく、**ものを手にしたときからがスタート**なのです。

そして、**手に入れたものと共に手を携えて人生の波を乗り越えていくことこそ、ものを大切にするということ**なのだと思っています。

労い、気にかける ものを輝かせる秘訣は愛情表現

私の場合、バッグや服も、使ったら軽く汚れを拭き取る程度で特別なお手入れはしていません。ただ、毎回バッグの中身は全部出してから棚に戻しています。その理由は、それぞれのアイテムの居場所に戻すためです。

私たちは、学校や職場、自宅の食卓ではいつも座る席が決まっています。人に居場所があるように、ものにも定位置を作ってあげるようにしているのです。そうすることで、きっとものも居心地が良いと思っているはずです。

過保護にする必要もなく、ほんの少しだけいつも気にかけてあげるだけで、もの本来が持つポテンシャルを発揮してくれます。

私は、ものは生きている（気が宿っている）と思っているので、いつも使ってあげたり、

声をかけてあげたりしていると、とても喜んでくれている気がします。

使った後は「ありがとう」「今日もお疲れ様」と労ってから棚に戻し、頻繁に使う機会がないときも、**見たり、触ったりして、「素敵だね」と伝えてあげると、それだけでものはオーラを発してくれるはず**です。

長い間、クローゼットや棚の奥にしまい込んでいたら、忘れ去られたと思って悲しくなってくると思うのです。

きっと、ものは「もっと使って〜」と思っているはずです。

10年以上美しく愛用するシューズごとのケア方法

ふだんのケアは汚れを軽く落とす程度ですが、私は靴磨きが趣味なので、時間があると、シューケアセットを持ち出してはきれいに磨いています。

基本のシューケアセットは、「KIWI」のブラシと「M・MOWBRAY」のデリケートクリームで、これを「M・MOWBRAY」の缶の中に入れています。

レペットのバレエシューズのケアなら、靴の表面と汚れの溜まるリボンの結び目をほどいてブラッシング。クリームで汚れを落としたら乾いた布で全体を磨いて完了です。

エナメルは数年が寿命といわれていますが、ケアしているおかげか、中敷や靴裏などお直しを繰り返して10年近く履いています。

オールシーズン履けて雨や雪にも強いパラブーツのミカエルは、一緒に購入した専用のブラシとクリームでケアします。

ブラシとクリーナーで汚れを落としてから、布やブラシを使って「BEE WAX」を靴全体に塗っていきます。ブラシを使えば、細かいところまで塗ることができます。

クリーナーは2~3か月に一度程度、また、半年~1年に一度のペースでグリースを使うことで、より長持ちするとお店の方に教えていただきました。

キャンバス素材の白いコンバースは、履いた後にさっとブラシで汚れを落とします。履いているうちに黄ばんできますが、一度、靴のクリーニングに出したら白く、きれいになりました。

一年中愛用しているスエードパンプスも、基本はブラシで汚れを落とすだけ。

長年愛用しているロングブーツも履いた後はブラシでほこりや泥を落としてからクリーナーで汚れを落とします。

ロングブーツを履く期間は秋冬と限られているので、履いていないときは、シダーチップがたっぷり詰まった「Ｗｏｏｄｌｏｒｅ」の天然のブーツインサートを中に入れて保管しています。

どの靴も、履いたら軽く汚れを落とすだけで、何年も何十年も長持ちします。それぞれ靴の素材や形状によって適したケア方法があるので、購入時にお店の方に聞いておくことをおすすめしますが、決して、「こうしなくてはいけない」というルールに縛られず、まずは履いたときに乾いた布で軽く表面を拭くことからはじめてみてください。慣れてきたら少しずつその靴に適したケア方法がわかってくると思います。良いものこそ、たくさん使って、自分にできるケアをしながら愛情を注ぐと、長く愛用できるのです。

趣味のアイロンがけはものと向き合う良い機会

私の趣味とも言えるアイロンがけですが、アイロンをかけていると、小さい穴に気付いたり、ほつれを見つけたりすることがあります。

これは、どちらかというと趣味の副産物のようなものですが、**アイロンをかけることでものと向き合う**ことができるので、私にはとても大切な時間なのです。

ものと対話していると、そろそろ買い替えどきかな、というのもわかります。買い替えどきとは、「着られないわけではないけれど、そろそろ寿命かな」というタイミングです。その頃から次に欲しいと思えるアイテムを探そうという意識が生まれますが、お眼鏡にかなったものが見つかるまで、決して新しいものは買いません。

お気に入りだったフレアスカートはウエスト部分の裏側が破けていましたが、見た目にはわからないので、長い間そのまま着ていました。

買い替えを探していましたが、結局、何年も理想のスカートに出合うことができず、オリジナルで理想のスカートを制作したのは前述の通りです。

日常使いの消耗品なら、それほどこだわらなくても……と思われるかもしれませんが、**妥協して買ったもので日々過ごしていくことの方が、私にとっては苦痛になってしまいます。**適当に選ぶことは、自分自身を適当に扱っている気がして、自分の心が許さないのです。

このように長年待った先で理想のものに出合えると、何よりうれしいし、心から愛情を持って接することができます。

もの選びに正解はありませんが、私が思う**もの選びは、「自分の心が喜ぶものが正解」**ということ。

人それぞれに理想の形や、こだわりがあるはずです。

ほんの小さなことでも自分なりのこだわりを持って、自分の心が喜ぶもの、心地良いものを基準に身の回りのものを選んでいっていただけたらうれしいです。

使わなくなったらリサイクル 使えなくなったらリメイクしてとことん使う

私はなるべく自分で選んだものは最後まで使い切りたいと思っています。

本来の用途で使えなくなったものは、リメイクすることで、引き続き大切にすることもできます。

例えば着物の帯はテーブルランナーにリメイクして、季節ごとに飾っています。年末年始や端午の節句など、季節の行事で帯を飾ると、それがあるだけでとても華やいだ空間になります。

祖母や母から譲り受けたものや、私の成人式の帯を使っていますが、もちろん使える間はなるべく本来の形で使うようにしています。成人式の振袖も、卒業式や友人の結婚式など、ずいぶん活躍してくれました。

そのうち振袖も着ることがなくなり、着物を着る機会が減ったことでまた違う使い道を見つけたのです。

ジュエリーも同様、**祖母や母のお下がりは自分の使いこなせるデザインにリメイク**して使っています。

母のパールのイヤリングは、K18WGのイヤリング部分を下取りに出してプラチナのピアスにリフォームしました。プラチナとシリコンのキャッチは別売ですが、下取り分を差引いているので合計数千円のリフォームでした。

以前、YouTubeの視聴者さんからジュエリーを紹介して欲しいというリクエストをいただき、そのときにあらためて全部確認したところ、思っていた以上に数がありましたが、私はジュエリー類にはもともとあまり興味がなく、持っているものはどれもお下がりや、リメイク品。

ただ、ピアスに関しては、誕生日に夫と息子が選んでプレゼントしてくれるので、この年はこんな思い出があったなと振り返って楽しんでいます。

ものを選ぶとき、自分にとって大切なエピソードが加わるとより愛情が深まります。それも、ものが持つ魅力なのではないでしょうか。

手放すタイミングと私なりの買い替えの基準

ものは「使わなくても、もったいないから取っておく」ということはありません。「ものは使ってこそ」なので、自分の手元で役目を終えたものや、「使わないもの＝今の自分にとっては必要ないもの」と判断したら手放します。

たとえ好きなものでも、**身につけたときに「違和感がある」のであれば、それは手放すタイミングなのかもしれません。**

残念ながら、自分の定番だったものでも、ライフスタイルや年齢による体型の変化で合うデザインも変わってきます。

例えば、以前手放した黒いワンピースは少し裾が広がっていて、シルエットもキュートな印象のデザインでした。

30代のときに購入してその後、長い間愛用していたのですが、40代後半になり、突然そのデザインに違和感が出てきてしまったのです。

加齢による体型の変化の他に、年齢と共に経験を重ねてきた分、雰囲気も変化してきたのでしょう。


長く愛用していると、年齢を重ねるごとに馴染んでくる一生ものとはまた違い、以前は似合っていたけれど、だんだん似合わなくなっていくものもあります。

今の自分にはどのような素材やデザインが合っているのか、変化に気付くきっかけにもなるのです。


いくら似合わなくなってしまったとはいえ、それは決してネガティブなこととは捉えていません。

経験を積み重ね、それまではまとえなかったオーラが身についてきたからこその変化だと思っています。新たに、今の自分に似合うアイテムを見つけることも楽しみのひとつです。

白シャツの場合は白いことに意味があるので、前述のようなお手入れをしても黄ばみがとれなくなったら手放します。

また素敵なものに生まれ変わることを願って、それぞれのブランドのリサイクルボックスに持って行ったり、小さく切ってウエスにしたりします。

ものとして最後まで使い切ると潔くお別れすることができます。

欲しいものを手にした先
ざっくりルールでイレギュラーもOK

30代で作った「欲しいものリスト」を制覇して以来、私には「物欲」というものがほとんどありません。

数が少なくても自分で選んだ、心から愛するものだけに囲まれているので、いつでも自分らしくいることができ、心が満たされているからです。

ただ、「絶対にこれ以上ものを増やさない」「ワードローブは○着以内」とルールを決めているわけではありません。心が躍るもの、心から愛せるものに出合ったら迷わず買います。

ルールに縛られず、何かひとつは、というものがあってもいいと思っています。

ワンピースが好きな人であれば、毎年ワンピースだけは新しいものを購入したい、でもいいのです。

私にとって唯一、見ると欲しくなってしまうものがあります。

それはかごバッグです。

我が家にはすでにいくつかあるのに、素敵な素材や形を見つけると、つい連れて帰りたくなってしまうのです。

しかし、かごバッグは増えてもたくさん使い道があり、最後まで使い切ることができます。

バッグとして愛用するのはもちろんのこと、収納として活用したり、ドライフラワーを飾ったりと用途がたくさんあるのです。

きちんと、そのものを活かすことができ、最後まで使うことができさえすれば、増えてしまうアイテムがあってもいいと思っています。

「こうしたい」という理想のライフスタイルをはっきり思い描き、自分なりの基準でコントロールできていれば、ものに翻弄されることも、罪悪感を持つこともありません。

苦楽を共にした相棒がくれる安心感と幸せ

自分が選んだものは家族のように思っているので、本当に苦楽を共にしたものとの絆は、そう簡単には崩れません。

長い年月をかけて自分が本当に欲しいものを揃えてきたからこそ、好きなものだけに囲まれた今は、とても幸せです。

30代前半で手にしたばかりのマトラッセを身につけている当時の写真を先日、ふと見つけました。

10年、20年先の理想の自分をイメージしながら、当時はまだ少し背伸びをして買った一生ものです。

早く似合うようになりたいと思っていましたが、今、この年齢になって当時を振り返ってみると、初々しさはあるものの、やはりまだ使いこなせていないのです。

とはいえ、誰もがはじめから使いこなせるわけではないので、前述の「スーツに着慣れる」ことにつながるなと、年齢を重ねるたびに感じています。

つまり、本当に自分に馴染むためには「慣れる」しか、方法はないのです。

欲しいものを手に入れて以来、今までずっと一緒に過ごしてきたので、それらのものに対しては絶対的な信頼感があります。

自分の人生に、**安心できる相棒たちがいるのはとても心強く、これからも大丈夫という安心感があります。**

何よりうれしいのは、一緒に歳を重ねる楽しみがあることです。

ものは一緒に過ごす時間が長くなれば長くなるほど愛おしい。

それこそ人と一緒で、親友であり、パートナーであるものたちと、今までどれだけ一緒に良い時間を過ごしたか、これからどれだけ会話を重ねていけるか、過去も未来もひっくるめて、この絆を大事にしたいと思うのです。

エルメスのバーキンは、出張や一泊旅行、息子が赤ちゃんの頃はマザーズバッグとしても使っていました。内ポケットの中にはうっすらとシミがあるのですが、これはベビー用の麦茶がこぼれた跡です。

それは私の人生に寄り添ってきてくれた証であり、シミや使っていてできる傷もまた愛おしく感じています。

自分にとって大切な人やものは、人生を豊かにしてくれます。ものに対して愛情を持って接していると、ものも愛情を持って返してくれる。そうした絆はいつも感じることができます。

また、**いつもありがとう、という感謝の気持ちで接していると、ものも同じように返してくれるのです。**

自分がとことん選んだものと過ごせるのは、安心感や心強さがあり、共に年齢を重ねることができるのは何より幸せなことです。

これからも自分で選んだものと苦楽を共にしながら、いい関係を築いていくことが、私の「生活の美学」なのだと思っています。

少ない荷物で人生という旅を楽しむ

私の人生にとってなくてはならないものがあります。それが「旅」です。旅は視野を広げ、人生を豊かにしてくれます。

20代の頃は海外旅行でショッピングを楽しんでいましたが、30代、40代と年齢を重ねるたびに、その場所、その瞬間にしか味わえないことを楽しむようになりました。その経験で得た感性は、一生の財産だと思ったからです。

旅先で飲んで、食べて、たくさん会話して、身体を動かし、自然や芸術に触れること。私にとっては、人生を豊かにしてくれる、一番実りのある時間です。

「リゾート」とは「何度も通う場所」という意味を持ちますが、自分のリゾートや何度も通うお気に入りの場所があると、「また戻ってくるね」という気持ちになります。

何度も通う場所があるメリットは「せっかく来たのだからここにも行こう、あの店にも行こう」と必死に予定を詰め込む必要がないことです。

予定を詰め込みすぎず、むしろ何もしない方が大切なものに気付けたり、感じたりすることができます。

旅をしていると、人生も旅と同じだなと実感します。

人生は決して、急ぐ旅ではありません。

いつも走っているだけでは、景色がただ流れていくだけ。ゆっくり歩いたり、時々は立ち止まってみると、美しいものに気付くことができます。

そして、旅をするなら荷物は少ない方がいいと思うのです。

旅の荷物は少なければ少ないほど、気軽に旅を楽しめます。

思い立ったらすぐに出かけられるし、身軽であれば場所や交通機関も選びません。パッキングや探しものに費やす時間を、旅での楽しみや経験に充てることもできるかもしれません。

人生という旅を身軽に楽しむには、本当に自分が必要なものだけを厳選することです。自分の理想の将来イメージを思い描き、その理想を叶えるために選んだものたちを味方にする。そうすれば、ブレることなく、きっとその理想を叶えることができるでしょう。

これからも、そうやって自分のフィルターを通して選んだものたちと一緒に人生という名の旅をしながら、楽しんで歳を重ねていきたいと思っています。

COMPTOIR DES COTONNIERS

―おわりに―

私は、子どもの頃からこだわりだけは強く、自分がこうしたいと思ったらそれを貫くほどの頑固者。

YouTubeをきっかけに、そんな私のこだわりが詰まった「ものとの向き合い方」がみなさんの目に留まり、1冊の本になるなんて、夢にも思っていませんでした。

私はもともと片付けが大の苦手です。

子ども時代は、片付けといえば部屋に散らかったものをクローゼットに無理やり押し込むような性格。

さらに学生時代、試験勉強のために机に向かっても、「散らかっているから集中できない！」と、まず片付けから始めるようなタイプでした（笑）。

そんな私がフランス生活で「自分にとって必要のないものは持たない文化」に感銘を受

けたのです。
片付けが苦手なら、持つものを厳選すればいいことに気が付き、そこから必要なものだけを手元に残す生活がはじまりました。

自分にとって必要なものは意外に見つけにくいものですが、必要のないものから削ぎ落としていくと大切なものだけが残ります。

さらに自分にとって「楽しい」と思うことは自然と続けられるものです。
アイロンがけするのがいい、ブラッシングするのがいい、という客観的な理由ではなく、それをすることで「自分の心が楽しい」と思えることが一番大切だと思うのです。

人生は一度きり。

いくら周りが「こうするのがいい」と言っても、自分にとって苦手なことは無理にする必要はありません。

それよりも、自分が本当に大切にしていきたいもの、楽しいことや気持ちが上がるものにフォーカスして、人生を歩んでいければと思っています。

そうは言っても日本では、なかなか難しい……と思うかもしれません。

しかし、海外に出てみると、意外と人は他人のことを気にしていないし、実は誰も見ていません（笑）。

それに気付いたとき、「だったら自分の好きなように生きよう！」と思えたのです。

現代はＳＮＳの「いいね」など、他人の評価が気になりがちですが、一番大切なのは「自分の評価」。

自分をないがしろにして、幸せな人生は送れません。

この本をきっかけに自分のすべてを受け入れ、何ということのない日常を心から愛し、選んだものと共に素敵に年齢を重ねていただけたら、この上ない幸せです。

最後になりますが、本書を読んでくださったみな様、いつも「Ｋａｔｉｅ／フランス流シンプルシックな暮らし」のチャンネルを応援してくださっている視聴者様、そして本の制作に関わってくださったみな様に心からの感謝を申し上げます。

Ｋａｔｉｅ

Katie

20代で欧州の現地企業に就職。その後、仕事で日本とフランスを行き来する生活から、「自分の好きなこと、大切にしたいこと」をテーマにフランス流のシンプルシックな心地良い暮らしについてYouTubeで発信。中でも、自分にとって本当に価値があるものかを見極め、選んだものと共に生きる哲学が話題となる。
YouTube @katie.simplechic

年齢《ねんれい》を重《かさ》ねるのが楽《たの》しみになる
フランス流《りゅう》のもの選《えら》び

2023年12月1日　初版発行
2024年2月5日　再版発行

著者／Katie《ケイティ》

発行者／山下　直久

発行／株式会社KADOKAWA
〒102-8177　東京都千代田区富士見2-13-3
電話　0570-002-301(ナビダイヤル)

印刷所／大日本印刷株式会社

製本所／大日本印刷株式会社

●お問い合わせ
https://www.kadokawa.co.jp/（「お問い合わせ」へお進みください）
※内容によっては、お答えできない場合があります。
※サポートは日本国内のみとさせていただきます。
※Japanese text only

定価はカバーに表示してあります。

ISBN 978-4-04-606504-9　C0095